本书获得以下项目资助:

国家级一流本科专业建设点（国际经济与贸易）

江苏省高校品牌专业（国际经济与贸易）

江苏省"青蓝工程"优秀团队（国际贸易专业 CDIO 教学团队）

南京审计大学"十三五"校重点学科——应用经济学

国家社科基金青年项目"制造业嵌入双重价值链的动力机制、效应与路径研究"（21CJL019）

The Input Servitization of Manufacturing Industry
and High-quality Development of Trade

Trade

制造业投入服务化
与贸易高质量发展

龙飞扬　著

中国财经出版传媒集团

经济科学出版社
Economic Science Press

序 一

推进贸易高质量发展，是党中央面对国内国际形势的深刻变化做出的重大决策部署，也是"十四五"时期中国贸易发展面临的新课题。在中国"百年未有之大变局"和"双循环"新发展格局背景下，需要进一步审视贸易高质量发展的国内外环境，赋予外贸高质量发展新的内涵。目前，对外贸易质量的衡量尚无统一的标准，结合国际多边贸易框架体系的要求以及我国经济发展战略的实际需要，本书根据贸易高质量发展的题中之义，分别从企业层面、产品层面以及国家—行业层面选定了代表贸易高质量发展的三个典型指标，包括出口增长的二元边际、出口产品质量和出口国内增加值率，对于指标的选择遵循从数量、质量到贸易利得的递进逻辑，为建立贸易高质量发展评价体系提供了有效的参考依据。

制造业投入服务化伴随着制造业和生产性服务业价值链的动态整合，是制造业和服务业深度融合的过程，也是将整个产业价值链进行有机串联的过程，能够进一步促进制造业的专业化和高级化。随着大数据、5G移动通信、人工智能、云计算等新兴技术的异军突起，以数据作为关键生产要素的数字经济为制造业的转型升级注入新的活力。当制造业服务化在欧美发达国家迅猛发展之时，作为世界制造中心的中国在产业升级问题上却显得步履维艰。面对国内制造业转型升级的困境，本书系统地回答了什么是制造业投入服务化，制造业投入服务化的动因、模式和典型发展特征是什么，以及制造业投入服务化对于产业转型升级的作用机制是什么，对于认清制造业服务化发展全局、制定产业转型发展战略具有重要的现实意义。

本书重点考察制造业服务化和贸易高质量发展之间的逻辑关系，并且进行理论推导和实证检验，探讨我国制造业投入服务化的贸易促进效应，相对以往的研究做出了较大的补充和贡献。在全球经济低迷、新冠肺炎疫情肆虐、多边贸易体制受到挑战的当下，在此之上提出的政策建议更加具有针对性，更加具有时代特征和意义。龙飞扬对贸易高质量发展和制造业服务化的关系进行了多年潜心研究，发表了多篇学术研究论文，这本书是其在该领域研究的系统性成果。我相信，本书的出版将为我国外贸领域理论研究与政策制定提供有益的参考，也可以为国内国际双循环新发展格局的构建提供新的思路。

南京审计大学经济学院党委书记，教授

2021 年 12 月

序 二

国际贸易摩擦频发和新冠肺炎疫情持续肆虐对制造业对外贸易产生诸多不确定性影响。制造业是我国经济发展的根基，也是推动对外贸易提质增效的主战场。党的十九大报告指出，要促进我国产业迈向全球价值链中高端，培育若干世界级先进制造业集群。2019年，《中共中央 国务院关于推进贸易高质量发展的指导意见》（以下简称《指导意见》）发布，其中有关产业融合、产业创新、产品质量和产品附加值等与制造业投入服务化的内涵不谋而合，也为本书的写作提供了思路源泉。制造业投入服务化是增加产品价值内涵、促进制造业转型升级、塑造全球竞争优势的有效战略。《指导意见》的出台进一步强化了制造业转型升级与对外贸易提质增效的内在逻辑关系，为本书所提出的将高端生产要素注入制造业、提升制造业出口竞争力提供了坚实的政策依据。本书深刻剖析了中国制造业服务投入的内生动因、发展模式和特征事实，对于准确研判制造业服务化发展全局、制定精准的服务化发展战略具有重要的参考意义。

在研究内容上，本书从微观的企业层面和产品层面对制造业投入服务化的出口贸易效应进行理论分析和实证检验，更加透彻地厘清了两者之间的逻辑关系及内在机理。本书构建了制造业投入服务化出口效应的理论分析框架，分别从企业层面、产品层面和国家—行业层面选取了能够代表贸易高质量发展的指标，为建立贸易高质量发展评价体系提供了有效的参考依据。贸易高质量发展是"量"和"质"协同增长的发展方式。本书围绕"量"和"质"，以出口二元边际、出口产品质量和出口国内增加值三个指标将贸易高质量进行量化，从三个维度进行测算和分析，在指标评价方面给出了新的启示。一方面拓展了原有的理论研究边界，另一方面紧密联系中国的实际，有利于加强对问题的认识和形成科学的决策，既可为学术研究提供理论基础、研究思路与方法，也可为决策部门提供参考和借鉴。该成果一定程度上深化了全球价值链理论及其结合中国实践的研究，并在原理、方法和资料的结合上推动了应用研究的创新，所做出的描述与分析、采用的研究方法以及提出的发展战略等具有科学性和合理性，对于中国产业破解低端锁定困局，提升全球价值链地位具有指导、借鉴和推动作用。

上海大学经济学院教授 殷凤

2021 年 12 月

前　言

改革开放 40 多年来，中国利用资源禀赋优势，凭借国际代工为主的模式嵌入全球价值链，奠定了中国制造业大国的稳固地位。随着刘易斯拐点的到来，中国劳动力要素禀赋优势逐渐褪去，加之新兴发展中国家凭借低成本优势在制造加工领域悄然崛起以及发达国家的"再工业化"战略，对中国制造业发展形成了双重挤压。在内生不利因素与外部夹击的背景下，中国制造业的转型升级面临极大挑战，国际市场份额也受到极大的威胁。由于对技术外溢的过度依赖、技术吸收能力较弱以及发达国家的"俘获效应"，中国制造业陷入全球价值链"低端锁定"似乎成为一个不争的事实（吕越等，2018）。那么，如何破解"低端锁定"局势，实现制造业的转型升级，进击国际高端市场，抢占新一轮竞争高地，成为当前亟待解决的问题。

与此同时，中国经济正处于由高速增长阶段转向高质量发展的阶段，对外贸易的高质量发展对于经济的高质量发展至关重要。与发达国家相比，中国外贸在产业基础、创新能力、市场主体、国际经贸规则制定能力等方面还存在差距，对经济高质量发展的支撑作用有待增强。制造业是我国经济发展的根基，也是推动对外贸易提质增效的主战场。因此，如何在复杂的国际环境下培育制造业对外贸易的新优势、促进对外贸易提质增效成为另一个亟待破解的关键问题。2019 年 11 月 19 日，党中央面对国内外形势的深刻变化做出了重要的指示，正式发布《中共中央 国务院关于推进贸易高质量发展的指导意见》，其中，"要夯实贸易发展的产业基础。发挥市场机制作用，促进贸易与产业互动，推进产业国际化进程""加快发展现代服务业，特别是生产性服务业，推进先进制造业与现代服务业深度融合""加强质量管理，积极采用先进技术和标准，提高产品质量""强化制造业创新对贸易的支撑作用""大力发展高质量、高技术、高附加值产品贸易"等重要论述进一步强化了制造业转型升级与对外贸易提质增效的内在逻辑关系,为本书所提出的将高端生产要素注入制造业、将价值链转化为创新链,提升制造业出口竞争力提供了坚实的政策依据。那么,制造业投入高端生产要素能否在贸易高质量发展方面有所作为?在微观层面上,制造业投入服务化能否对企业出口行为、出口产品质量等方面产生积极的影响?在宏观层面上,服务化能否提升国家—行业层面的出口贸易利益?本书将在理论上对这些关系进行模型推导和演绎,并采用规范的实证分析方法对这些内在机制进行检验,具有一定的理论意义和现实意义。

本书根据贸易高质量发展的题中之义,分别从企业层面、产品层面及国家—行业层面选定能够代表贸易高质量发展的三个典型指标,即出口增长的二元边际、出口产品质量和出口国内增加值率,重点考察制造业投入服务化和贸易高质量发展之间的逻辑关系,并且进行严谨的理论推导和实证检验,进而得出相应的政策建议。得出的主要结论有:(1)企业服务化水平的上升能够显著提升企业的出口概率,当企业服务化水平增加1%时,企业出口的概率增加4.8%;生产率作为中介变量,能够传递服务化对于企业出口概率的正向影响。(2)投入服务化水平对于企业出口扩展边际影响显著为正;投入服务化水平对于价格边际的影响为正,对于数量边际的影响为负,但正向效应大于负向效应,因此服务化对于集约边际的总体效应为正。(3)制造业投入服务化水平的提升能够显著提升出口产品的质量,相对于一般贸易企业而言,制造业服务化对于加工贸易企业的出口产品质量提升效果更明显;相对于外商独资企业和私营企业,服务化对于国有企业的平均作用效果更显著;相对于中、低技术企业,高技术企业的服务化对于出口产品质量的提升效应更明显;中部地区比东部地区的平均作用效果更加明显,西部地区的作用效果并不显著。(4)制造业投入服务化能够显著提升企业的生产效率和生产能力,制造业投入服务化可以通过企业全要素生产率和创新效率这两个中介变量,传导对于出口产品质量的正向促进作用。(5)制造业投入服务化水平能够显著提升出口国内增加值率（EDVAR），中、高技术制造业服务化水平对于 EDVAR 的影响显著为正；中低收入国家对 EDVAR 的影响显著为正。（6）国内投入服务化水平对 EDVAR 的影响显著为正，而国外投入服务化水平对 EDVAR 的影响显著为负；分销服务化、运输服务化、金融服务和信息服务化对 EDVAR 的影响都显著为正。

本书主要的创新点在于：（1）已有的研究多从理论层面阐述制造业服务化与出口贸易之间的关系，较少从实证方面特别是从微观层面出发来对这种机制进行探讨。从微观的企业层面和产品层面对于制造业投入服务化的出口贸易效应进行了理论分析和实证检验，更加透彻地厘清了两者之间的逻辑关系及内在机理。（2）分别从企业层面、产品层面和国家—行业层面选取了能够代表贸易高质量发展的指标，即出口二元边际、出口产品质量和出口贸易利益三个指标，对于指标的选择遵循从数量、质量到贸易利得的递进逻辑，具备合理性和可行性；此外，构建了理论框架，通过三个层面的分析、三个指标的选取和测算，为建立贸易高质量发展评价体系提供了有效的参考依据。（3）将国民经济行业分类与国际标准行业分类（ISIC Rev. 4）进行了一一匹配，将海关出口数据 8 位数商品编码与 ISIC Rev. 4 编码也进行了有效匹配，可以为国际贸易领域的其他相关研究提供参考和借鉴。

目　录
CONTENTS

导　论

1.1　研究背景及意义

1.1.1　研究背景

我国工业体系完备，已经成为全球最大的制造业国家。但是，我国制造业长期采取"以量取胜、低价竞争"的策略占领国际市场，始终处于"大而不强"的地位。随着专业化分工的不断深化，服务要素成为制造企业越来越重要的生产要素，制造业生产对于商业、金融、运输、广告、营销、咨询、检验以及维修等服务型生产资料的需求不断上升。制造业投入服务化伴随着制造业和生产性服务业价值链的动态整合，是制造业和服务业深度融合的过程，也是将整个产业价值链进行有机串联的过程，能够进一步促进了制造业的专业化和高级化。我国正处于工业化进程的中后期，制造业未来的核心优势必将来源于服务化和高端化的转型发展战略。

20 世纪 90 年代之后，全球制造业都在经历着制造业服务化的重大转变。为了提升企业的竞争优势，欧美发达国家的制造企业相继对"归核化"① 战略进行了调整，将高附加值的服务环节作为核心环节回收到企业

---

① "归核化"是指企业将不具有竞争优势的非核心业务通过外包等方式从企业中剥离出去，只保留具有竞争优势的核心业务的分工细化过程。

内部，实施了"服务化"的升级。在这种趋势下，发达国家迅速实施了服务化的转型升级，强化了制造业的竞争优势，引领着全球制造业的发展步伐。随着大数据、5G移动通信、人工智能、云计算等新兴技术的异军突起，以数据作为关键生产要素的数字经济为制造业的转型升级注入新的活力。数字经济可以对制造业进行全要素、全流程、全产业链的改造，智能制造成为未来制造业抢占全球制高点、迈向全球价值链中高端的主攻方向。2014年，德国制造业的服务化水平达到53.5%，美国达到41.2%，意大利达到58%，而中国只有38.1%。① 实际上，发达国家制造业的价值增值中很大一部分来源于服务部门，之所以能够支配和控制价值链的高端和关键环节，很重要的一个因素是本土配套的生产性服务业发展水平较高。中国制造业呈现出的"两头在外"情形，实质上是将价值链的高端环节和知识技术密集的生产者服务业留在了国外。制造业服务化是制造业的一种发展逻辑，制造业服务化与制造业转型升级密切相关，有助于提升制造业的劳动生产率。刘志彪和吴福象（2018）指出摆脱依附型经济发展的关键，在于增加对产业部门高级生产要素的投入，增加知识资本、人力资本、技术资本密集的高级生产性服务，把价值链转化成学习链和创新链。制造业服务化可以促进制造业和生产性服务业价值链的动态整合，进一步促进了制造业的专业化和高级化。中国作为传统的制造业大国，应如何在庞大的工业体系中有效地融入知识、技术等内涵价值要素，从而增加产品附加值也是一个值得深刻思考的问题。

2019年以来，国际贸易形势复杂且严峻，贸易摩擦的范围在逐步扩大，世界经济增长呈现放缓趋势。2017年~2019年，全球经济体的进出口体量大多呈现显著下滑的态势，进出口贸易走势如图1-1（a）所示。究其原因，2019年发达经济体和新兴市场在需求方面同步放缓，大宗商品市场的有效需求不足；而在供给方面，在贸易摩擦加剧的情况下，供应链系统遭到破坏，产品的中间成本有所提升，大宗商品供给疲弱。由

① 根据世界投入产出数据库（WIOD）自行计算。

于商业信心和金融市场的预期悲观，获得技术外溢的机会减少，制造企业的长期支出变得更加谨慎，生产和投资均呈现收缩趋势。2019 年，主要经济体的制造业采购经理人指数（PMI）均有不同程度下滑。主要经济体的制造业发展态势如图 1－1（b）所示，可见全球制造业也呈现出一种衰退的发展趋势。2019 年 5～9 月，中国的 PMI 连续 5 个月低于荣枯线。国际市场的需求疲弱和供给乏力的"双缩"态势，使得国内制造业的增长也面临着下行压力。

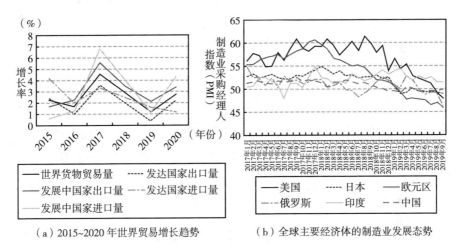

（a）2015~2020 年世界贸易增长趋势　　（b）全球主要经济体的制造业发展态势

图 1－1　世界贸易增长的趋势和主要经济体制造业发展态势

注：（a）图中 2019 年和 2020 年数值为预测值。

资料来源：中华人民共和国商务部综合司。

在贸易增长乏力的背景下，中国提出贸易高质量发展的思路。其中所涉及的"产业融合""产业创新""产品质量""产品附加值"等词汇即为贸易高质量发展的题中之义，也正好契合了制造业服务化的发展逻辑。贸易是产业国际化和产业发展的重要推动力，而产业发展也为对外贸易的发展提供了强有力的支撑。因此，制造业投入服务化战略有望成为对外贸易提质增效的有效思路。本书以此为出发点，试图探讨制造业投入服务化能否作为产业转型升级，进而带动贸易高质量发展的有效路径，为我国制定产业和贸易发展规划提供参考依据。

1.1.2 研究意义

1. 理论意义

本书拓展了新新贸易理论企业异质性的外延。企业异质性贸易理论目前仍属于新生理论，研究框架、理论模型以及研究方法都有待进一步深化。现有的研究倾向于将企业异质性简化为生产率差异或者技术选择性差异（实质还是生产率差异），但实际上忽略了企业异质性的其他方面，以及这些异质性因素之间的关联。虽然企业生产率对于出口效应的研究已经取得了较大的进展，学者们进一步将异质性拓展为企业规模、资本要素密集度、所有权归属、人力资本、组织模式、技术条件等方面的差异，但是对于引起企业异质性的众多影响因素的挖掘还有待深入。因此，本书选择合适的方法测算出制造业投入服务化水平，以此作为企业异质性的一个来源或者企业异质性本身，借此来分析服务化水平的差异如何影响企业的出口决策、行为和利益所得。从微观层面论证了服务化可以作为企业异质性的一个新的视角，丰富了出口企业的异质性内涵，进一步拓展了新新贸易理论的外延。此外，本书结合中国的实践经验探讨企业异质性与出口贸易之间的关系，有助于发展中国情景下的新新贸易理论。

本书是对于价值链理论的有益补充和拓展。在制造业转型升级的关键期，服务化战略是极具成效的一种方式。对制造业投入服务化的内涵进行界定，是对于（国内/全球）价值链理论的丰富和拓展。服务化现象是可能发生于价值链各个环节的一种现象，价值链理论对于服务化的解释可以从两方面展开。一方面是结合价值链本身特性以及"微笑曲线"的本质，将服务要素作为制造业生产的中间投入来分析服务要素在生产链各个基本环节的作用和价值。此外，结合服务化模式可以分析企业活动在价值链上的动态演进规律，这实际上是产业升级的路径，也是价值链升级的微观基础。另一方面，结合全球价值链的视角来分析服务化现象，制造业生产可以接受跨国界的服务提供，实际上就是一种服务外包的现象，这是在全球价值链的背景下的一种经济现象。本书从投入—产出视角和产业链不同环节价值特性的视角对服务化现象进行了系统分析，对于价值链理论是一种有益的补充。

2. 现实意义

服务化为制造业转型升级提供了一种有益思路。目前，我国互联网技术正处于快速升级换代的发展阶段，国内也早已形成门类齐全、相对独立和完整的工业体系，具备了实施服务化的基础条件。然而，很多制造企业仍然停留在传统的工业化思维，更多地关注如何在短期内快速占领市场，对于核心技术的投入不足，无法提供差异化、个性化的产品和服务，直接影响了制造业转型升级的成效。基于产业转型升级的大背景，本书对于制造业服务化的内涵和意义进行了系统阐述，梳理了制造业服务化的概念、动力和发展模式，并且从时间和国别对比的角度对制造业服务化的发展现状进行了归纳，有助于更好地认清当前中国制造业服务化发展的现状，为制造业服务化的转型升级提供了一个现实背景。此外，利用规范的理论推导和实证分析，详细论证了制造业投入服务化对于企业生产率的具体作用机制。本书的研究高度契合了供给侧结构性改革中有关产业结构优化的内容，明晰了生产性服务业对于推动传统制造企业转型升级的作用。本书的研究证实了服务化战略可以成为制造业转型升级的一种有益思路，为中国制造业的转型升级出谋划策，具有较为重要的现实意义。

服务化为贸易的高质量发展提供了一种可行路径。当前，中国不断释放以开放促发展的政策红利，推动新一轮高水平的对外开放。在此背景下，外贸企业着力培育以设计研发、品牌建设和售后服务等高端服务为核心的外贸竞争新优势。中美贸易摩擦以来，国内制造企业不断增强创新意识和品牌意识，为了提升产品附加值不断增加研发投入，为了合理规避风险不断优化产业链，经营策略和价值链布局能力都得到不断优化，为推动贸易高质量发展奠定了坚实的基础。那么，我国外向型制造企业能否有效切入"微笑曲线"的两端进一步获取更多的贸易附加值呢？本书认为，这种可能性取决于我国生产性服务业的国际竞争力。生产性服务的发展水平差异是一国比较优势的重要来源，是决定一国参与国际分工形式和分工地位的重要因素。实证分析了制造业投入服务化对于出口产品质量和出口国内附加值的作用机制，论证了制造业服务化对于两者具有正向的促进作用。结论证实了服务化战略可以成为企业增强贸易竞争力的一个有效路径，为我国制定贸易高质量发展政策提供了决策依据。

1.2 研究内容与方法

1.2.1 研究内容

在研究制造业转型升级关键期和贸易高质量发展初始期的交叉背景下，本书根据贸易高质量发展的题中之义，从不同层面初步选定了能够代表贸易高质量发展的几个典型指标，重点考察制造业服务化和贸易高质量发展之间的逻辑关系，进行理论和实证上的推导和验证，进而得出结论和政策建议。本书内容共分为 8 章，技术路线如图 1-2 所示。

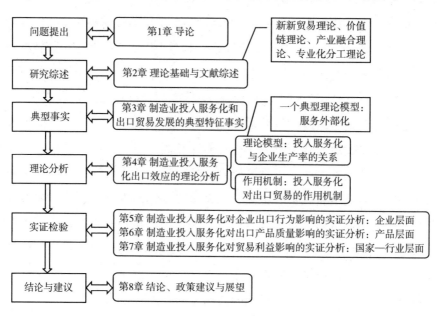

图 1-2 技术路线

第 1 章是导论部分，提出本书要研究的问题。主要介绍了本书的选题背景和意义、主要研究内容和技术路线，还指出了本书的创新点。

第 2 章是理论基础和文献综述。首先，对"制造业投入服务化""贸易高质量发展"和"出口二元边际"等进行了概念界定。其次，介绍了相关的理论基础，包括新新贸易理论、专业化分工理论、价值链理论和产业融合理论，这些经典理论为本书的研究提供了理论上的支撑。最后，进行了文献的回顾和评述。主要包括以下几个方面：（1）梳理了制造业投入服务化水平测度的研究方法，主要包括生产函数法、微观企业财务指标统计、投入产出系数法和贸易增加值法四种；（2）回顾了出口产品质量测算和出口国内增加值测算的以往研究；（3）综述了制造业投入服务化对企业绩效的作用研究，分述了四种不同的观点和结论，总体来说，长期来看，服务化能够降低企业的成本，激发制造企业的创新能力，进而提升制造企业的绩效，但从短期来看，服务化对于企业绩效的影响具有不确定性；（4）综述了生产性服务业对制造业出口竞争力的影响研究，认为生产性服务业是通过直接作用于制造企业进而提升其生产率，而后再间接影响其出口绩效或贸易利益。

第 3 章是制造业投入服务化和出口贸易的发展现状和相关典型事实描述，主要包括四部分。第一部分是关于制造业投入服务化的发展现状。首先，对于制造业投入服务化的发展动力、模式进行了归纳总结；其次，用三种方法对于制造业投入服务化进行了测算；最后，基于完全消耗系数，从总体发展特征、异质性服务投入和国别对比差异等方面进行了典型特征事实的描述。第二部分是关于制造业出口贸易的发展现状。首先，统计描述了中国制造业的总体出口规模和年增长率的演化特征；其次，选取经济合作与发展组织（OECD）国家作为出口目的国，详细介绍了出口三元边际的分解框架，从出口三元边际视角追溯了贸易增长的动力来源，将出口增长归因于扩展边际（出口产品种类和目的国数目）和集约边际（出口总额，包括出口价格和出口数量）；最后，对于制造业总体的出口三元边际、典型的轻工业制品行业（纺织、服装和皮革制品）出口三元边际以及典型的出口国家（美国、日本、德国和澳大利亚）的三元边际特征进行了典型事实描述。第三部分对出口产品质量的测算方法和典型事实进行了描述。第四部分对出口国内增加值率的测算方法和典型特征事实进行了描述。

第4章构建了制造业投入服务化出口效应的理论分析框架。现有的研究观点较为一致，通常认为生产性服务业是通过作用于企业来提升其生产率，而后再间接影响其出口行为或贸易利益。因此，本章主要通过理论模型来演绎投入服务化如何提升企业的生产率，然后理论阐述了服务化对于出口效应的影响。首先，本章在以太（Ethier，1982）和白清（2015）的模型基础上分析生产性服务投入与制造业生产效率的关系。核心观点是：由于生产性服务投入本身具有规模报酬递增效应，服务投入增加能够降低制造业的生产成本，进而提升企业生产率。其次，本章重点演绎了一个服务化的典型理论模型，即生产性服务的外部化模型。服务的外部化（即服务外包）是制造业投入服务化的典型模式，本书将服务外部化的动机分为两种：一种是为了实现潜在规模经济效应的服务外部化；另一种是为了实现专业化经济的服务外部化。模型的核心思想是：如果价值链可以分离并且各自都能够达到规模经济的状态，那么将一部分价值链活动进行外包，各自发挥最优的规模经济效应，可以使整个价值链更具效率，生产也更具效率。此外，我们还从理论层面阐释了各种服务要素投入对于企业生产率的作用机制。最后，本书分别从理论上阐述了制造业投入服务化对于出口二元边际、出口产品质量和出口贸易利益的作用机制，分别使用"自选择效应＋交易成本效应""技术溢出效应＋链合反馈效应""贸易成本效应＋资源再配置效应"来阐释其中的作用机理。

第5章从企业层面出发，实证检验了制造业投入服务化对于企业出口行为的影响。主要分为以下四个部分。第一部分为理论模型演绎部分，借鉴了Melitz异质性企业模型，认为生产率水平高的企业更加倾向于参与出口市场。第二部分对于本章所涉及的所有变量、指标的选取和计算过程进行了说明，并且进行了简单的描述性统计分析。第三部分采用面板Logit模型实证分析了制造业投入服务化对于企业出口决策的影响。首先，介绍了Logit模型的推导过程，构建了Logit模型，并选定面板固定Logit

模型进行了基准回归；其次，基于行业技术密集度、企业贸易方式和所属区域的不同，实证分析了异质性企业的服务化对于出口概率的不同作用效果；最后，将生产率作为中介变量，构建中介效应模型实证检验了服务化对于出口概率的影响。第四部分构建了样本选择模型 Heckman 两阶段模型，来实证分析服务化对于企业出口二元边际的影响。首先，采用 Probit 模型构建了第一个阶段的回归方程，采用固定效应模型构建了第二个阶段的回归方程；其次，重点分析了 Heckman 两阶段模型的基准回归结果；再次，使用微观企业的服务化水平作为替代解释变量，对于模型进行了稳健性检验，结果与基准回归一致；最后，通过分组异质性分析，将行业技术密集度、企业贸易方式和所属区域划分成不同的组别进行回归，具体分析了服务化水平在不同组别下对于出口产品种类和出口产品价格的不同效应。

第6章从产品层面出发，实证检验了制造业投入服务化对于出口产品质量的影响。主要分为以下四个部分。第一部分构建了制造业投入服务化与产品质量之间的理论关系并提出了研究假设。借鉴哈拉克和西瓦达桑（Hallak & Sivadasan，2008）提出的质量最优选择模型来推导产品质量的决定因素，进而将生产率和生产能力作为中介变量来分析其中的作用机制。第二部分为模型的构建以及数据的处理过程。首先，根据研究目的构建了多维面板固定效应模型；其次，从产品层面出发，采用事后推理的方法测算出口产品质量；最后，对于数据的测算、选取和数据来源进行了详细的介绍。第三部分为实证结果的分析。首先，在固定了年份、行业和企业固定效应之后进行了基准回归，发现制造业投入服务化能够提升出口产品的质量；其次，选取合适的工具变量，采用两阶段最小二乘估计法（2SLS）处理内生性问题，并且通过替换核心变量进行了稳健性检验，结果与基准回归一致；最后，基于企业的贸易方式、所有制形式、技术密集度以及所在区域的异质性特征进行分组回归，进一步考察服务化对企业产品质量的不同影响效应。第四部分采用中介效应回归模型检验了服务化对于出口产品质量升级的具体作用机制，验证了理论假设：制造业投入服务化能够显著提升企业的生产效率和企业的创新效率；企业全要素生产率和创新效率作为部分中介变量，能够传导制造业服务化对出口产品质量升级的正向影响。

第 7 章从国家—行业层面出发，实证检验了制造业投入服务化对于出口贸易利得的影响。通过测算行业出口的国内增加值来衡量出口贸易利益，进而检验行业的服务化水平对于贸易利益的影响效应。本章主要分为以下三个部分。第一部分为理论模型的构建，参照梅利兹和雷丁（Melitz & Redding，2015）的模型，推演了异质性企业如何对贸易的福利产生影响。第二部分为回归模型的构建以及数据处理的过程，基于王直等（2015）提出的双边贸易流分解框架，重点计算了行业出口国内增加值率，进一步计算得出各个国家—部门的增加值出口率（EDVAR），并以其作为核心被解释变量。第三部分为实证结果分析。首先，在控制了时间、年份和国家的固定效应之后进行了基准回归，结果显示：制造业投入服务化水平能够显著提升出口国内增加值率（EDVAR）。其次，通过替换指标、加大固定效应约束和工具变量选取进行了稳健性检验，结果与基准回归一致。再次，通过行业和国家异质性分组回归检验了不同的影响效应。最后，通过进一步的拓展检验了服务投入异质性对于 EDVAR 的影响，结果显示：国内投入服务化水平对 EDVAR 的影响显著为正，而国外投入的服务化水平对于 EDVAR 的影响显著为负；分销服务化、运输服务化、金融服务化和信息服务化对出口国内增加值率的影响都显著为正。

第 8 章是主要结论、政策建议和研究展望。根据前文所做的理论和实证分析，本章首先对主要结论进行系统的整合；其次根据研究的主题和要义，提出相应的对策建议；最后提出本书的不足和未来可以改进的空间。

1.2.2 研究方法

1. 理论分析与实证分析

本书在论证制造业投入服务化和出口贸易之间的关系时，采用理论和实证分析并行的研究方法。在研究投入服务化对于企业生产率的作用时，在以太（1982）和白清（2015）的模型基础上用数理模型进行了严谨的逻辑推演，并提出了相应的研究假设。在研究服务化与企业出口决策的关系时，进行了梅利兹异质性企业模型的推演，进而构建模型对两者的关系进行实证分析。在研究服务化对于出口产品质量的影响时，借鉴哈拉克和西瓦达桑（2008）的质量最优选择模型来推导产品质量的决定因素，而后设立模型结合相关数据进行了严谨的实证分析，并检验了其中的作用机制。在研究投入服务化对于出口贸易利益的影响时，也是先参照梅利兹和雷丁（2015）的模型，推演了企业的异质性如何对贸易的福利产生影响并提出研究假设，而后进行了规范的实证分析。

2. 统计分析与计量分析

本书在分析投入服务化和出口贸易的发展现状时，采用了统计分析的方法，主要利用 WIOD 数据库计算了制造业投入服务化水平，将数据进行统计后，绘制成图表对服务化水平的典型发展特征进行分析，来揭示投入服务化水平的发展现状和趋势。本书还利用国家统计局数据，统计整理出中国制造业出口的数据并将其绘制成图表，在时间维度上呈现出制造业出口贸易发展的典型特征。同理，我们还利用 CPEII – BACI 数据库计算出制造业出口的二元边际，进行数据统计后绘制成图表来分析总体、典型行业和对于主要国家出口的二元边际的典型事实。

在实证分析制造业投入服务化和出口贸易的关系时，采用了计量分析方法。第 5 章、第 6 章、第 7 章的实证分析中，构建了规范的计量模型，进行了基准回归、稳健性检验和分组异质性回归分析。主要使用面板 Logit 模型、Heckman 两阶段模型和面板数据的固定效应模型进行回归，在处理内生性问题时选取工具变量进行两阶段最小二乘估计法（2SLS）估计，在检验具体的机制时采用了中介效应回归模型。

3. 横向比较与纵向比较

在介绍投入服务化和出口贸易的发展现状时，采用了横向比较和纵向比较相结合的方法进行分析。在分析投入服务化的典型特征时，横向对比了2014年中国制造业各个部门的投入服务化水平；在纵向的时间维度上，分析了2000~2014年我国制造业总服务化水平和分行业服务化水平的时间发展趋势。在分析制造业出口的典型事实时，横向对比了中国对主要贸易国（美国、日本、德国和澳大利亚）出口的三元边际特征；在纵向的时间维度上，统计了2000~2017年中国制造业总出口的三元边际分解结果，并进行了相关典型事实的描述。

1.2.3 创新点

1. 研究内容创新

本书在贸易高质量发展的政策背景下，结合产业融合和产业创新的发展思路，从产业层面着手探寻贸易高质量发展的路径。已有的研究多是从理论层面阐述制造业服务化对于出口贸易的作用机制，很少从实证方面，特别是从微观层面出发来对这种机制进行检验。本书对于制造业投入服务化的出口贸易效应进行了严谨的理论分析和实证检验，更加透彻地梳理了两者之间的逻辑关系。

2. 研究视角创新

本书分别从产品层面、企业层面和国家—行业层面选取了能够代表贸易高质量发展的指标，即出口二元边际、出口产品质量和出口贸易利益。对于指标的选择遵循从规模、质量到效益的递进逻辑，具备合理性和可行性。本书还采用合适的测算方法对于三个指标进行了测算，并得到各自的典型特征事实。本书对于指标的选取、测算和理论阐述为建立贸易高质量发展评价体系提供了有效的参考依据。

3. 数据处理方法创新

本书将国民经济行业分类与国际标准行业分类（ISIC Rev. 4）进行了

——匹配，将 CEPII – BACI 数据库中的 HS – 1992 的 6 位数商品编码和海关出口数据 8 位数商品编码分别与 ISIC Rev. 4 编码进行了有效匹配，可以为其他相关的研究提供参考和借鉴。

此外，本书以行业出口率（EDVAR）作为贸易利益的代理变量，对 EDVAR 的测算基于双边贸易流分解的框架，将双边总出口分解后每一项的三维数据的第一维和第三维数据进行加总，得出基于后向产业关联的国家—部门层面出口中的国内生产总值（GDP）最终被国外吸收的部分，使得 EDVAR 的测算结果更加精确。

第 2 章

理论基础与文献综述

2.1 相关概念界定

2.1.1 制造业投入服务化的概念界定

国外学者最先对"制造业服务化"概念进行了界定。范德默维和拉达（Vandermerwe & Rada，1988）率先提出"服务化"的商业现象，认为企业的"服务化"可能经历了三个阶段："产品或服务"阶段、"产品 + 服务"阶段以及"商品 + 服务 + 支持 + 知识 + 自助服务"阶段。怀特等（White et al.，1999）认为"服务化"是基于产品而出现的服务，它模糊了制造业和传统服务业活动之间的界限。赖斯金等（Reiskin et al.，1999）把制造业从以产品为中心向以服务为中心的企业的转变称为"服务化"，认为服务业是制造业发展的一个主要推动力。安德莉亚（Andrea，2003）用"第三产业化"（tertierization）来表示制造业的"服务化"现象，认为随着要素成本的迅速增加，低劳动力成本优势所带来的竞争力在转型中会受到侵蚀，弥补制造业利润率下降的唯一办法是重新构建公司的价值链，并将服务纳入公司开展的业务范围。奥利瓦和卡伦伯格（Oliva & Kallenberg，2003）认为，因为服务比产品更难模仿，所以它们是竞争优势的来源。以上学者所定义的"制造业服务化"多是"制造业产出服务化"的概念，产出服务化是指制造业产出逐渐由实物类产品转向服务类产品。然而，从投入—产出的角度分析，价值链中的服务环节可分为两类：一类是为辅助生产活动而提供的服务，是作为生产要素的服务，属于制造业的中间投入；另一类是为顾客提供的服务，作为产品的服务，属于制造业的产出。归纳而言，制造业服务化可以分为投入服务化和产出服务化两个层面。本书主要关注制造业投入服务化的概念，投入服务化是指制造业中间投入逐渐由实物要素投入转向服务要素投入的过程。

实际上，最早将商业服务视为重要生产要素的贡献者是格林菲尔德（Greenfield，1966），他支持将商业服务视为有价值的生产投入要素。他的主要观点是商业服务可以对生产力产生影响，并且可以与物质投入的作用相提并论，并且反对"服务效用短暂"的观点。在分析服务在经济过程中的作用时，他侧重于分析生产性服务业的作用。他关于生产性服务业角色的论述如下："一个很容易理解的事实是，在投资回报方面，购买了服务的市场研究机构或管理咨询公司从中获得的收益可能远大于在厂房和设备上的同等投资。无论如何，企业在商业服务上的支出不能构成投资的这个观点是没有任何理论依据的"。从18世纪工业化进程开始，制造业生产即是经济理论化的基础，而服务业要么被完全忽略，要么被认为是一套无生产力的社会活动。服务业被认为是无形且短暂的，效用只在交付时才存在；而制造业是有形的，并且比服务业的生产和交付更具有持久性。实际上，服务业没有生产力的观点可以追溯到亚当·斯密（Adam Smith，1776）的理论，彼时服务主要由私人仆人提供，被视为阻碍资本积累的累赘。然而，如今服务的功能和形式都变得复杂得多，服务的无形和效用短暂的特性都变得无法立足，因为服务的效用可能比有形产品（制造业）的生命周期所持续的时间更久。

因此，很多学者对制造业投入服务化的概念和作用进行了研究。安东内利（Antonelli，2000）认为通信和商业服务可以作为生产要素投入，会对企业的本地化创新产生积极作用，而创新又会提高企业的生产效率；德雷耶尔（Drejer，2002）以丹麦的经济数据为基础，对部门的服务投入与产出之间的关系进行了实证分析，探讨了商业服务作为生产要素的作用，认为服务属于特别关键的生产要素；安德莉亚（2003）认为在新的商业模式中，知识作为生产投入对企业产出和绩效的贡献比实物资本的贡献更具决定性，商品的价值越来越多地由无形因素决定，如品牌名称或相关服务的复杂性等；国内学者李江帆（1990）指出，生产信息化、社会化和专业化分工会导致"生产软化系数逐趋增大"的思想，即企业在生产过程中会逐渐加大服务投入力度；李强和薛天栋（1998）利用中国 1981～1995 年的投入产出表计算了各部门的服务投入率，发现在绝大部分行业的服务投入率呈现上升趋势；刘继国和赵一婷（2006）以 OECD 国家投入产出数据为基础，用"依赖度"指标来衡量制造业中服务要素投入水平，发现在制造业的中间投入中服务要素，尤其是生产服务的比重呈现上升的趋势；顾乃华和夏杰长（2010）认为工业（制造业）投入服务化是指企业在生产经营中逐渐增加服务要素来替代实物要素的投入，他认为生产性服务作为中间投入品的功能不断得到强化，逐渐从润滑功能转变成有助于生产各阶段高效运营的直接投入；刘维刚和倪红福（2018）认为制造业投入服务化是指生产过程中间投入服务要素的嵌入水平，并且实证分析了制造业投入服务化对企业技术进步的效应及作用机制。

至于制造业投入服务化的组织形式，根据皮拉特和汰尔夫（Pilat & Wölfl，2005）对制造业与服务业互动形式的阐述，可以归纳为两种。一种为垂直一体化战略。企业可以将中间投入的生产保持在其企业内部边界，并可以选择在国内或国外进行生产。当公司决定将中间投入环节留在国内时，公司会进行标准的垂直整合；当公司决定将生产保持在公司边界内，但又处于国外时，则要从事国外直接投资（FDI）或公司内部贸易。另一种是服务外包形式，公司可以选择在本国或外国购买组件（中间投入）。当公司在国内购买时，会通过国内外包来实现；当公司需要国外的外包服务时，就会参与公平交易的国际贸易。

2.1.2 出口二元边际的概念界定

出口（增长）二元边际解释了贸易增长的源泉和动力，包括出口扩展边际（extensive margin）和出口集约边际（intensive margin）。近年来，识别贸易增长的两个组成部分（扩展边际和集约边际）引起了相当多学者的关注，许多不同的文献和理论框架都已经作出了有益的贡献。借鉴胡梅尔斯和克莱诺（Hummels & Klenow，2005）以及施炳展（2010）的研究经验，贸易增长还可以进一步进行三元边际分解，即将集约边际进一步分解为数量边际和价格边际。

对于二元边际概念的界定并无完全一致的定论，学者们主要从产品层面、企业层面、国家层面来界定出口的二元边际。首先，关于出口扩展边际的界定。芬斯特拉（Feenstra，1994）将新产品定义为产品种类的变化，但并不涉及原有产品数量和特征的改变，他认为产品层面的扩展边际就是出口产品种类的增加。胡梅尔斯和克莱诺（2001，2005）对贸易份额进行分解之后，强调扩展边际是指出口产品种类的增加，即原先的"非贸易品"也开始参与出口进行贸易。梅利兹（2003）利用异质性企业模型将出口企业的数量定义为扩展边际，新企业参与出口即为扩展边际的增加。实际上，异质性企业模型假定一个企业只生产一种产品，企业的扩展边际即为产品的扩展边际。其次，伯纳德和詹森（Bernard & Jensen，2004）、坎茨（Kancs，2007）等人的研究也沿用这一层面扩展边际的界定。赫尔普曼等（Helpman et al.，2008）与费尔伯迈尔和科勒（Felbermayr & Kohler，2006）将扩展边际与引力方程结合起来，认为扩展边际主要指出口国和其他国家建立新的贸易伙伴关系。而关于集约边际的界定，很多学者从企业层面进行界定。集约边际是指在原有的产品种类上出口额的进一步增长，集约边际可分解为数量边际和价格边际，可以进一步探寻出口增长究竟是来自产品数量的边际贡献还是产品价格的边际贡献。

二元边际理论一方面关注原出口产品份额的进一步增长，另一方面也关注是否有更多新产品进入新的国外市场。从一定程度上来讲，扩展边际可以弥补集约边际程度加强所带来的贸易难度加大的问题，给贸易增长瓶颈提供一个解决思路。本书对于扩展边际的界定是从企业层面出发，将扩展边际定义为企业出口产品种类的增加和企业出口目的国的数量的增加；本书将集约边际定义为出口总额的进一步增长，可分解为价格边际和数量边际。此分解和"扩展边际"一同又被称为出口的"三元边际"分解，书中所涉及的"三元边际"理论分解框架即是对于这个概念的应用。

2.1.3 贸易高质量发展的内涵

2019 年 11 月 19 日，党中央面对国内外形势的深刻变化作出了重要的指示，正式发布《中共中央 国务院关于推进贸易高质量发展的指导意见》（以下简称《指导意见》）。《指导意见》提出"要夯实贸易发展的产业基础。发挥市场机制作用，促进贸易与产业互动，推进产业国际化进程""加快发展现代服务业，特别是生产性服务业，推进先进制造业与现代服务业深度融合""加强质量管理，积极采用先进技术和标准，提高产品质量""强化制造业创新对贸易的支持作用""大力发展高质量、高技术、高附加值产品贸易"等重要论述。秦夏（2019）指出外贸的高质量发展是要摒弃以量取胜的发展方式，通过科技进步、模式创新和管理体制改革来实现外贸产业和产品结构优化升级，实现生产效率提升，使得产业分工地位逐步向全球价值链高端攀升。同时，还提出"贸易高质量发展"就是在双边或者多边商品或者服务交换过程中，找到更深层次的和更高水平的内在联系，形成"你中有我、我中有你"的国际经济贸易新格局。徐建华（2019）认为高质量的产品是贸易高质量发展的基础，要改变传统的数量扩张型的贸易增长方式，进而走质量取胜型的贸易发展道路，用高质量产品和品牌来推动对外贸易的高质量发展。田治江（2019）认为我国要实现贸易高质量发展，要注重激发内生发展动力，把服务贸易作为建设贸易强国的重要支撑。

2.2 理论基础

2.2.1 新新贸易理论

国际贸易理论大体上可分为四个阶段：古典主义、新古典主义、新贸易理论和新新贸易理论。古典主义和新古典主义都是以完全竞争市场为假设前提，认为贸易产生的基础是劳动生产率的不同而导致的成本差异，主要解释了产业间贸易发生的原因、结构和利润分配。新新贸易理论试图将传统贸易理论和新贸易理论统一在新兴古典贸易理论的框架下，以专业化分工来解释贸易的发生。其中，新生产要素理论认为生产要素除了土地、劳动和资本以外，还包括自然资源、技术、人力资本、研究与开发等新型生产要素，从新要素的角度解释国际分工和地位格局的变化原因。而产业内贸易理论又称差异化产品理论，以不完全竞争市场和规模经济为前提，认为贸易产生的基础是产品差异，动因则是需求偏好相似。以上传统国际贸易理论都是以国家或产业的角度来强调比较优势，认为各国都应该对于资源和要素具有绝对优势或相对优势的产业进行规模生产，这样就可以充分并有效地利用各国的资源禀赋，而贸易可以更好地促进分工和交换，最终会使每个国家都获得最大利益。

传统贸易理论都有统一的假设前提，即企业是同质性的（homogeneous），企业内部运行机制如同一个"黑箱"。由于贸易格局的不断演化，传统贸易理论不断受到新的实践经验的挑战：出口企业与非出口企业具有不同的生产率；出口企业比非出口企业具有更高的产品质量。换言之，企业是异质性的，这对于解释国际贸易格局变化的原因至关重要。新新贸易理论以异质性企业贸易模型（Melitz，2003）和内生边界模型（Antràs，2003）为典型代表，揭示了国际贸易现象的微观基础。在新新贸易理论之前，对出口贸易的研究基本局限于国家、区域和行业层面，而新新贸易理论则将分析的基本单位转向了微观层面的企业。这一理论

19

关注企业的异质性特征与国际贸易之间的关系，特别是其与企业出口行为、对外投资行为和贸易利益之间的关联。梅利兹（2003）研究发现贸易能够使生产率高的企业进入出口市场，而生产率较低的企业只能服务于本地市场甚至退出市场，证实了生产率和出口决策行为之间的相关性。伯纳德等（2003）认为企业进入出口市场的"自我选择"效应是基于一种潜在的生产率分布，从而也在生产率和出口行为间建立了很强的关联性。赫尔普曼等（2004）实证考察了大量美国出口企业的数据，发现出口企业比非出口企业的生产率高出39%。近年来，国内学者也逐渐关注了新新贸易理论的研究，在理论和实证方面成果丰富。理论方面，陈丽丽（2008）和樊瑛（2007；2008）从不同视角介绍了新新贸易理论的发展脉络、经典模型和最新研究动态。在实证研究方面主要分为两派：一派认为由于"自我选择效应"和"学习效应"的存在，更大规模或更高生产率水平的企业出口的概率更高、出口的规模更大（唐宜红和林发勤，2009；张杰等，2009；易靖韬和傅佳莎，2011）；另一派提出"出口—生产率悖论"（李春顶，2010；汤二子等，2011a，2011b；范剑勇和冯猛，2013），即中国出口企业的生产率反而低于内销企业，有些文献也称为"生产率之谜"，这一现象产生的原因可能是要素密集度不同、市场进入成本和贸易成本不同、出口密度不同以及中国的市场分割和地方保护等（李春顶，2015）。

企业异质性贸易理论目前仍然属于新生理论，研究框架、理论模型以及研究方法都有待于进一步深化。虽然对于企业生产率出口效应的研究已经取得了较大的进展，但是对于引起企业异质性的众多影响因素的挖掘还有待深入。现有的研究倾向于将企业异质性简化为生产率差异或者技术选择性差异（实质还是生产率差异），但实际上忽略了企业异质性的其他方面，以及这些异质性因素之间的关联。因此，本书测算出行业和企业层面的制造业服务化水平，以此作为企业异质性的一个来源或者企业异质性本身，借此来分析服务化程度的不同如何影响企业的出口行为以及出口产品的质量等。

2.2.2 专业化分工理论

亚当·斯密于1776年在其著作《国富论》中最早提出分工理论，认为分工是经济增长的源泉，也是规模扩张和技术进步的根本原因。分工理论原本立足于微观层面，适用于企业之间的经济联系。然而，在现代经济中，其理论内涵已经扩展运用到国家层面的专业化分工，聚焦于不同国别间产业层面的经济关联。国际贸易领域中的古典贸易理论、新古典贸易理论及新贸易理论都是从专业化分工的理论视角来解释当下的贸易现象以及贸易发生的原因。

人类发展的历史经验表明，专业化分工使得劳动力从农业部门不断得到释放，并依次向制造业部门和服务业部门转移，所谓的三次产业就是在这种理论背景下形成的。在工业化早期，生产性服务附属于企业内部，只是对制造业产品的生产起到一定的辅助作用；而工业化中期，由于分工细化和消费者需求的多样化，企业采用更灵活的专业化生产模式，向柔性专业化生产模式进行转变。柔性专业化生产的特点是各生产工序发生垂直分离，企业生产过程的各个价值链功能和环节发生有效分离。20世纪70年代之后，独立化的生产性服务业开始蓬勃发展，发达国家中原本附属于制造企业的生产性服务活动，如研发、设计、会计、营销、咨询等逐步转向企业外部，由原先的职能部门分离出去，成为独立的部门。服务业这种由"内在化"向"外在化"的演进趋势，是市场化水平不断提高和专业化分工逐步细化的必然结果。专业化分工会催生多种新的产业门类，尤其是信息、咨询、策划、法律、金融、物流、设计等现代服务业领域。新生的服务业或内化于企业内部，或外化为独立的现代服务业部门。由此可见，制造业投入服务化的过程即是服务外包不断发展和强化的过程。企业将服务进行外包是为了将资源集中运用在最具竞争优势的环节，以增强企业的总体效率，提高企业核心竞争力。生产性服务独立于制造业部门之后，经营活动变得更加专业，创新频率和力度也不断加大，规模经济效应逐步凸显。相应地，制造业从外部获取生产性服务的成本不断降低，反过来推动制造企业将更多服务环节进行外包并且不断提高服务投入的比重。

2.2.3　价值链理论

"竞争战略之父"迈克尔·波特（Michael E. Porter）在其著作《竞争优势》中提出价值链理论，他认为，每一个企业用来设计、生产、营销、交货以及对产品起辅助作用的各种活动的集合都可以用一个价值链表现出来。他指出价值链是由基本活动和辅助性活动组成的，基本活动涉及企业生产、进料、发货、销售和售后服务，而辅助性活动涉及研究与开发、人事、财务、计划、采购等环节。制造企业包含制造和服务两类价值活动，加工制造环节是价值链的核心环节，而服务活动是围绕这个核心环节而展开的，属于辅助性活动。因此，可以用价值链理论来对制造业服务化做一个比较全面的诠释。宏碁集团创始人施振荣先生在 1992 年提出了有名的"微笑曲线"（smiling curve）理论。一般而言，企业获得竞争优势的关键环节主要集中在"微笑曲线"的两端，一端为研发、设计等上游环节，另一端为渠道拓展、品牌管理和售后服务等下游环节。而处于中游环节的加工组装和制造环节的产品附加值也较小，竞争力较弱。从价值链视角来看，对于大多数产品而言，生产制造环节只占生命周期的极小部分，大部分时间处于研发设计、采购、储存、运营、销售、物流、售后服务等阶段。因此，产业链的运转更多地依靠生产性服务业，其效率能够影响整个产业链的运转。波特指出，由于价值链的加工制造环节主要依靠的是低成本优势，生产流程易被模仿，而服务环节，尤其是研发、设计、营销网络和售后服务等专用性程度较高，能够获得长期的差别化竞争优势。依靠服务价值能够获取优势促成了服务化现象的出现，使得企业更加关注服务环节。服务化即意味着向价值链的两端延伸，产业价值链的重心由生产端向研发设计、产品销售和售后服务等环节转移。制造业要想增加产品附加值，获得市场竞争力，就要不断往附加价值高的区块移动。

价值链理论表明服务是企业创造价值的重要活动，可以提升产品附加值，提升企业的核心竞争力。基于此，发达国家制造业将低附加值的加工制造环节向发展中国家转移，并试图通过高附加值的服务要素投入（如研发、设计、营销等环节）来获取竞争优势，将高端服务要素作为新的利润源泉。反观国内制造企业，虽然基于已有的工业基础和低廉的劳动力成本，在生产和制造环节上具有一定优势，但由于始终无法掌握核心技术，仍停留在低端环节，获取极低的产品附加值。这种情况下，对于大多数国内制造企业而言，服务只是一种辅助性的竞争手段，尚不具备依靠服务抢占价值链高端环节的能力。

2.2.4　产业融合理论

在技术交叉和消费升级的背景下，产业融合的理论也适用于制造业与服务业的融合过程。制造业服务化是以生产性服务业为纽带，将制造业和服务业进行融合，进而将整个产业价值链进行有机串联的过程。事实上，生产者服务业是脱胎于制造业母体，经过专业化发展而逐渐形成的，二者之间的天然渊源关系为促进二者的互动和融合提供了历史和现实依据。制造业和服务业的互补性融合使得企业的业务和运作边界变得模糊，出现了介于第二产业和第三产业之间的产业，即"2.5 产业"（黄群慧和霍景东，2015）。在融合过程中，制造企业往往率先行动，通过对自身价值链上的价值活动进行细分，识别出自身价值活动的优势和劣势。然后，借助管理手段或技术手段的创新，突破产业边界进入服务业的活动领域。最后，对两大产业核心价值活动进行重组、整合和优化，最终形成涵盖两大产业核心价值活动的新价值链。实际上，价值链可以看作制造和服务价值活动组合的一个函数，当两者发生融合时，两大产业原来的核心增值环节重构成新的价值链。当大多数制造企业都进行类似的价值链重构时，就实现了两大产业的融合化发展。然而，价值链的重构并不是两大产业价值活动的简单相加，而是进行整合和优化后实现的有效制度安排的集合，进而可以产生"1 + 1 > 2"的融合效果（李美云，2011）。

产业融合的概念源于罗森博格（Rosenberg，1963）在研究机械行业时发现的技术融合（technological convergence）现象，这种现象存在于机械部门和金属使用部门之间，由于这些部门存在一样的流程，面临着共同的技术难题，对于技术的需求促进了产业的垂直化专业分工（vertical disintegration）。格林斯坦和坎纳（Greenstein & Khanna，1997）认为产业融合是为了促进产业增长而导致的不同产业边界模糊或消失的现象。林德（Lind，2004）认为产业融合是分离的部门重组的过程，能够消除不同产业间的壁垒。关于产业融合的驱动因素的研究，盖恩斯和布莱恩（Gaines & Brian，1998）认为信息技术融合存在不断替代的过程，数字技术的出现是产业融合的重要驱动力。雷（Lei D，2000）认为当一个行业的进步或创新活动出现了商业化现象，并且开始显著地影响或改变其他行业的产品开发、竞争和价值创造过程的性质时，就会出现技术融合。植草益（2001）认为产业融合是由于技术革新以及放松管制导致的行业间壁垒降低所引起的现象，进一步强化了不同行业企业间的竞争合作关系。融合会导致行业之间曾经泾渭分明的界限逐渐消失，因为它们开始共享更多类似的竞争条件、基础市场和技术特征。马健（2002）认为技术的不断革新是产业融合的内在原因，经济管制的放松是产业融合的外在原因。

2.3 文献综述

2.3.1 关于制造业投入服务化水平的测度研究

1. 生产函数法

德雷耶尔（2002）利用拓展的柯布－道格拉斯（Cobb－Douglas）生产函数，把自变量换成实物资本、劳动和商务服务，证实了商业服务投入能够显著提高供应商主导的制造业的产出水平。而后，我国很多学者也沿用了这种方法来考察服务投入对总产出的影响。周大鹏（2013）将服务投入数量纳入 Cobb – Douglas 生产函数，得出制造业产出对服务要素和其他要素的依赖程度，考察服务投入对总产出的影响。刘维刚和倪红福（2018）将企业的劳动、资本、物质和服务等要素投入纳入生产函数来考察服务化水平对企业全要素生产率的影响。

2. 微观企业财务统计指标

皮拉特和沃尔夫（Pilat & Wölfl，2005）利用加拿大、芬兰、瑞典和日本等国家的微观调查统计数据，观察制造业与服务业之间的营业额和就业人数的相对比例，发现包含在制造业产品中的服务业增加值在缓慢上升。徐振鑫等（2016）利用 2008～2014 年企业年报，以服务化率，即服务业务收入与营业总收入的比值作为被解释变量，证明了企业盈利能力与服务化率之间存在正"U"型的关系。肖挺（2018a）以我国上市公司作为研究样本，采用技术性手段尽可能地将服务性收入从企业总营收中析出，作为企业服务化程度的测度。

3. 投入产出系数法

直接消耗系数是指某部门生产单位总产出所直接消耗的各部门服务的数量，采用该部门服务投入占总投入的比重表示，又被称作"依赖度""中间投入率"等。很多学者采用直接消耗系数法来表示制造业和服务业的依存关系，帕克（Park，1989）通过东盟国家投入—产出表得到制造业和服务业之间的依赖度，证实了随着国家进入工业化的高级阶段，对服务的中间需求往往会显著增加。刘继国和赵一婷（2006）通过计算 OECD 中 9 个成员国制造业对于服务业的依赖度，分析了制造业对四种服务子行业的依赖程度的演变规律。顾乃华和夏杰长（2010）用 2007 年投入产出表中各制造行业的服务投入总和与总投入的比值（直接消耗系数法）表示制造业服务化程度。为了更加全面反映制造业和服务业之间的投入产出关系，许多学者用完全消耗系数作为制造业服务化水平的测度指标。刘斌等（2016）用完全消耗系数作为制造业投入服务化的测度指标，系统考察制造业服务化对企业价值链升级的影响。胡昭玲等（2017）通过完全消耗系数测度制造业服务化水平，证实制造业服务化对产业结构转型升级有促进作用，并且可通过技术创新推动产业结构转型升级。

4. 贸易增加值法

在开放经济中，鉴于约翰逊和诺格拉（Johnson & Noguera，2012）、库普曼等（Koopman et al.，2014）等提出的总出口的增加值分解方法，国内很多学者也利用全球投入产出表数据从贸易附加值关联角度对于制造业服务化水平进行测算。戴翔（2016）通过测算我国制造业出口的国内外增加值，从总体和分行业两个层面测算中国制造业出口内涵的服务增加值及其变动情况。夏杰长和倪红福（2017）利用总出口的增加值分解公式进行测算，对中国的出口进行结构分解，着重分析服务业在出口贸易中的作用，并创新性地核算了中国出口中内置于企业内部的服务业。王向进等（2018）从出口贸易增加值的角度将制造业服务化率定义为制造业出口内涵的增加值中来源于服务行业的比重，并且计算了制造业的高端服务化率。

2.3.2 关于出口产品质量测算的研究

由于新新贸易理论的发展，学者们开始关注企业异质性的更多维度，产品质量成为一个关注重点。由于研究数据和方法的限制，关于出口产品质量的实证研究一直进展缓慢。哈拉克（Hallak，2006）认为价格是代表产品质量的良好指标，但价格还会受到其他因素，比如要素价格、国家汇率和政策补贴等的影响。坎德尔瓦尔（Khandelwal，2010）利用嵌套Logit方法克服了将质量等同于单位价值的思路，利用回归分析方法测算细分产品的质量，基本思想是产品的市场需求由价格和品质决定，剔除市场价格的影响之后，剩下的便是产品的质量。哈拉克和肖特（Hallak & Schott，2011）利用事后推理的思路测算了产品质量，虽然两种方法技术细节存在很大差异，但逻辑基本一致。

值得关注的是，多数研究是将产品质量作为出发点探讨它对其他经济因素的影响。比如，学者普遍认为产品质量影响着经济发展的诸多方面，如经济增长、出口绩效和劳动力市场（Amiti & Khandelwal，2012；Fan et al，2015），认为产品质量高的企业有更好的出口绩效（Hallak & Savadian，2008）。阿米蒂和坎德尔瓦尔（Amiti & Khandelwal，2012）指出生产高质量的产品经常被视为出口成功和经济发展的前提条件。然而，关于产品质量本身的影响因素探讨较少。施炳展和邵文波（2014）运用事后反推法在产品和企业层面进行了比较系统的研究，认为加工贸易、外资效应、技术吸收能力以及补贴行为可以提升出口产品品质。根据仅有的其他几篇文献来看，贸易自由化（林正静，2019）和出口加工区建设（徐美娜等，2019）也能够通过各种机制影响出口产品的质量。

2.3.3　关于出口国内增加值测算的研究

从宏观层面来看，胡梅尔斯等（2001）提出的 HIY 法、库普曼等（2012）提出的 KWW 法以及王直等（2015）对于总出口的新的核算方法为出口国内增加值率的概念提出奠定了深厚的理论基础。关于具体的测算方法，约翰逊和诺格拉（2012）最早提出增加值出口比率（VAX ratio）的概念，即国内增加值（GDP）被国外吸收的部分占总出口的比率。而后库普曼等（2014）将一国总出口值分解成增加值出口（增加值被国外吸收的部分）、返回国内的增加值、国外增加值和纯重复计算部分等 9 个部分，可进一步计算得到一国的出口国内增加值率。此外，库普曼等的分解也仅能在国家层面计算出口国内增加值率，无法具体到细分行业。

2.3.4　制造业投入服务化对企业绩效的影响研究

在微观层面上，制造业投入服务化的出口效应主要是通过作用于企业而形成的。制造企业所涉及的服务投入要素包括：研发、设计、规划、质量控制、营销、会计、物流等，服务投入所占的比例不断加大，成为企业核心竞争力的重要来源。很多学者从理论和实证方面探讨制造业服务化对于企业绩效的作用机制与效果，但作用的效果和方向却并不一致，主要分为以下四种观点和结论。

1. 制造业服务化提升了企业绩效

刘继国（2008）论证了投入服务化战略既可以增强企业的创新能力，也可以提高企业的生产效率。姜铸等（2015）认为制造企业的服务创新行为（组织行为）会促使企业提高服务化程度（战略），而制造业服务化能给企业带来新的价值增值点和利润空间，可以显著提升企业的经营绩效。

2. 制造业服务化降低了企业绩效

尼利（Neely，2008）是最早对制造业服务化与企业绩效的关系进行实证研究的学者，他采用 OSIRIS 数据库分析了 25 个国家 10028 家上市制造企业的服务化现状。结果表明企业绩效与服务化程度之间是负相关关系。格鲍尔（Gebauer，2007）等关注到企业在升级过程中出现"服务化悖论"现象，认为企业通过提供更多服务来实现利润增长的难度较大，可能会大幅提高企业的经营成本和管理难度，造成"X 非效率"。

3. 制造业服务化与企业绩效之间呈现非线性关系，并非简单的正负向关系

陈洁雄（2010）证实中国企业的服务化对其经营绩效存有显著的倒"U"型关系，而美国企业只有显著的正向线性关系。李靖华等（2015）以装备制造业为例，从服务数量和服务深度两个维度来衡量企业的服务化程度，研究发现服务化程度与企业经营绩效呈"马鞍形"曲线关系，即初步实施服务化时，企业绩效会小幅上升，当服务化程度进一步加强时，企业绩效反而下降，当服务化程度再进一步加深，企业绩效转而又上升的趋势。陈丽娴和沈鸿（2017）论证了制造业服务化能够显著提升企业绩效，但存在明显的所有制差异；另外，制造业服务化对企业绩效的影响在时间上呈现"先上升、后下降、再上升"的动态变化。

4. 制造业服务化与企业绩效之间无显著相关关系

一些学者认为服务化并不是制造企业发展壮大的"万能钥匙"，对服务化战略持谨慎态度。马蒂厄（Mathieu，2001）认为制造企业在服务化转型时要考虑两种成本：政治成本和竞争成本。在企业内部，服务化战略会导致企业内部权力、资源、责任和核心技术的重新分配，企业在处理这些问题时会消耗大量的资源和精力，即产生政治成本；在企业外部，企业提供服务业务就意味着进入了新的领域，与产业链下游的分销商、服务供应商将由原来的合作关系转变为竞争关系，会产生巨大的竞争成本。

总体而言，从长期视角来看，服务化能够激发制造企业的创新能力，优化企业的就业结构，进一步提升制造企业的绩效；但从短期视角来看，服务化可能会面临诸多困难，存在着很多潜在的成本和风险，服务化对于企业绩效的影响具有不确定性。

2.3.5 制造业投入服务化对出口竞争力的影响研究

从现有文献来看，对于制造业投入服务化的出口效应直接进行研究的文献相对缺乏。实际上，其本质问题是生产性服务作为制造业的中间投入要素，能够在多大程度上提升制造业的出口竞争力。现有研究的观点较为一致，通常认为生产性服务业是通过作用于制造企业进而提升其生产率，而后再间接影响其出口绩效或贸易利益。

石川佐田（Jota Ishikawa，1992）分析了两种情况下（平均成本定价和垄断）生产性服务投入对贸易模式和贸易收益的影响，即在平均成本定价情形下，如果最终品的自由贸易导致中间品的产出增加，一国在贸易中必然获益，反之则相反；在垄断情形下，中间产品贸易能否带来收益是不确定的，只有当产品的国内价格≤世界平均水平时，才有可能从中间品贸易中获利。格拉斯米尔和霍兰德（Glasmeier & Howland，1993）认为，生产性服务业作为制造业投入的高级要素，其蕴含的知识技术可以有效提高制造业附加值及其在国际市场上的竞争力。马芮威耶克等（Marrewijk et al.，1997）对生产性服务业与规模经济、要素市场和国际贸易的关系进行研究，认为生产性服务业可充分利用规模经济优势，通过更低的边际成本向生产商提供服务要素，进而促进一国出口贸易的快速增长。马芮威耶克等（1997）认为生产性服务业作为要素投入制造业生产环节，会直接影响到人力资本的形成，进而影响制成品出口的比较优势，而一国的比较优势跟生产性服务业的种类和技术含量相关。卡拉奥梅里奥卢（Karaomerlioglu et al.，1999）认为在制造业服务化日趋明显的背景下，生产性服务业是提高制造业生产率的基础和保证，发达的生产性服务业可以提升产品的竞争力。迪尔多夫（Deardorff，2001）探讨了服务贸易自由化在促进服务贸易和商品贸易方面的特殊作用。国际货物贸易往往需要若干服务行业（如运输、保险和金融等服务贸易业）的投入以完成国际交易。服务贸易自由化可以加深商品生产的分割程度，从而进一步增加国际贸易的总量和贸易利益所得。弗朗索瓦与沃尔兹（Francois & Woerz，2008）利用 1994～2004 年经济合作与发展组织（OECD）中 78 个国家的面板数据进行实证分析，特别关注了服务作为制造业投入要素的作用以及服务业开放与制造业出口格局之间的关系，结果发现：虽然商品在直接贸易中占据主导地位，但服务往往是促成最终出口的关键性要素。生产性服务业的开放会促使技能和技术密集型行业的出口绩效变得更好，保护中间服务部门将会导致制造业部门（特别是高工资制造业部门）处于竞争劣势。

陈丽娴（2016）发现，技术密集型制造业的生产性服务投入比重最高，且服务投入对技术密集型制造业的出口竞争力具有显著促进作用，而对劳动和资本密集型制造业的促进作用则不明显。吕云龙和吕越（2017）根据 WIOD 数据库进行实证分析，论证了制造业出口服务化是实现全球产业价值链升级的关键，一国出口产品结构中生产型服务业投入的增加会显著提高其制造业在国际市场上的竞争力。蔡琨（2018）论述了服务投入的增加通过分工深化、新要素投入和生产成本降低三种机制增加了制造企业产品的内涵价值，对于构建行业出口优势起到关键性的作用。姚战琪（2019）利用 2000～2014 年 WIOD 数据库进行实证分析，发现制造业服务化能够促进中国制造业在全球价值链中的前向参与度，制造业服务化也能显著提升中国制造业显示性比较优势（RCA）指数。诺达斯和金（Nordas & Kim, 2013）认为服务化可以增强产品特色，进而形成产品的差异化，成为企业进行市场营销开拓销路的主要手段。

第3章

制造业投入服务化和出口贸易发展的典型特征事实

制造业投入服务化的发展现状分析

3.1.1　制造业投入服务化的发展动因

随着经济全球化程度的日益加深，制造业的外部环境发生了显著变化，顾客需求也变得复杂化和多样化。制造业从以生产为中心逐步向以服务为中心进行转变，服务化趋势明显，制造业投入服务化的驱动因素可从以下几方面进行阐述。

1. 获取竞争优势的有效手段

对于企业而言，不管在何时何地都需要具备一定的竞争优势，这样才能在激烈的竞争条件下立于不败之地。实践表明，国外优秀的企业之所以能够长期占领行业领先地位，不仅在于其投资于零部件或机械设备，更重要的是它们占领了系统集成、技术开发、金融服务、营销网络、售后服务等高端市场，直至为客户提供一体化的解决方案。同时，它们利用在全球生产网络中积累的经验，依靠技术、标准、服务、品牌去获取高额利润。因此，区别于传统的制造业经济，服务化已经成为企业商业模式重大变革之举。制造业服务化的过程，是商业模式创新的过程，是价值链重构的过程，是竞争优势重塑的过程。越来越多的制造企业围绕产品全生命周期的各个环节，不断融入能够带来商业价值的增值服务，从提供单一产品向提供产品和服务系统转变。20世纪90年代之后，全球制造业都在经历制造业服务化的重大转变。杰梅尔和范（Gemmel & Van，2003）估计作为中间产品投入制造业部门的服务占服务部门总产出的1/4，如果包括企业内部使用的服务，占比会更多。伦茨霍格（Rentzhog，2010）统计得出瑞典机床的制造商使用40种不同的服务以维持其交付链条，并且在销售过程中为客户提供15种不同类型的服务。为了提升企业的竞争优势，一些欧美发达国家的制造企业相继对"归核化"战略进行了调整，将高附加值的服务环节作为核心环节回收到企业内部，实施了服务化的升级。在这种趋势下发达国家迅速实施了服务化升级，不仅保持了强大的竞争能力，而且强化了制造业竞争优势，引领全球制造业的发展步伐。因此，服务化是制造业全球价值链的有效增值点，是国际产业竞争的焦点，也是制造业获得竞争优势的关键环节。

2. 资源环境约束的倒逼

传统制造业生产活动中，制造业的中间投入包括能源、土地、有色金属、森林等各种自然资源以及原材料和相关的辅助性服务，各种生产要素都发挥至关重要的作用。中国的制造业在发展初期，由于发展基础和要素条件的制约，只能选择资源消耗型的扩张道路，以此来实现物质资本的初始积累。但随着中国进入工业化后期，环境压力的陡现以及要素成本的攀升，高污染和高消耗的粗放式发展模式变得难以为继。与此同时，为了保护生态环境，实现能源的高效利用，西方发达国家纷纷提出绿色化转型理念。发达国家开始注重依靠生产性服务的投入来提高企业生产率和产品附加值，率先获得制造业新一轮的竞争优势。全球制造业越来越重视产业的绿色标准，关于环保标准的国际贸易壁垒也越来高。除此之外，以价格低廉的形象打入国际市场，对于中国制造业的品牌形象树立非常不利，甚至常常招致贸易争端甚至是贸易抵制。资源环境的约束和全球竞争的加剧倒逼中国企业不得不选择集约化发展的道路，逐渐减少对资源依赖性较强的自然资源等要素的中间投入，增加对自然资源依赖性较弱的服务要素的投入。制造业投入服务化可以用高端生产性服务要素取代传统要素投入，通过产业链升级逐渐摆脱对资源型要素的大量消耗。这样，可以相对减少制造业对于重化工业产品的需求，降低企业的资源消耗和环境污染。这种依靠服务投入实现的制造业转型升级道路是资源节约型的和可持续的，成为企业新一轮竞争优势的核心来源。

3. 产业转型升级的内在诉求

当前，制造业向价值链中高端迈进遭遇来自发达国家"再工业化"战略和新兴经济体"代工模式"的双重挤压，转型升级的难度逐步加大。因此，在积极接受发达国家技术和产业转移和过程中面临着不平衡、不适宜和不可持续的问题，更面临着所谓的"低端锁定"困境。黄群慧（2017）认为中国制造业实现了"转型"而未实现"升级"的一个重要原因，是中国制造业服务化发展程度不够。如何实现中国制造业的转型和升级，提升制造业的生产效率成了备受关注的要点。制造业投入服务化不仅是在向制造业部门投放高级生产要素，提升制造业本身的生产效率，也是服务业高端化发展的重要支撑力量。如果服务业和制造业形成良好互促的发展态势，不仅可以提升制造业的创新能力，服务业自身也能获得持续的发展动力。因此，制造业投入服务化无论是对制造业和服务业的转型升级，还是对整个产业结构的转型升级，都具有极其关键的作用。不管是美国的"先进制造业计划"、德国的"工业4.0"，还是《中国制造2025》，都将制造业服务化作为未来制造业发展的主攻方向。我国经济已由高速增长阶段转向高质量发展的阶段，大力推进制造业服务化也是题中应有之义。在产业融合背景下，产业结构转型升级的内在诉求势必会催生出一些新业态和新模式，可以进一步助推制造业的高质量发展。

4. 数字化经济转型的助推

随着大数据、5G移动通信、人工智能、云计算等新兴技术的异军突起，以数据作为关键生产要素的数字经济为制造业的转型升级注入新的活力。数字技术逐步渗透到制造业产品的全生命周期中，日益融入产品研发、设计、制造、营销和售后的全过程，推动产品生产方式的重大变革，并从根本上推动了制造业服务化进程的加快。制造业服务化的核心环节是消费和生产大数据的搜集、处理、分析和反馈，而最关键的支持技术包括大数据技术、信息通信技术和智能化技术。大数据技术帮助制造企业搜集、识别和引导消费者偏好，优化产品特性，培育新的市场需求；信息通信技术能够在制造企业之间和消费者之间传递高效、保真的信息，为企业的全程服务提供通畅的信息渠道；智能化技术保证所有的产品和服务反馈信息能够顺利转化为消费者诉求的结果。此外，以互联网为核心的信息技术还可以通过多元化的金融服务、高效的供应链管理和便捷的电子商务模式等进一步提高产品和服务的交易效率和便捷程度，提升综合竞争力（童有好，2015）。

数字贸易是全球贸易发展的新业态和经济崛起的新引擎，正在成为全球新一轮产业变革的核心力量。数字化转型给制造业带来了前所未有的颠覆性变革，为制造业服务化提供了新模式。企业不再遵循固化的传统生产模式，而是根据消费者偏好的即时变化进行柔性化生产。消费者也不再是单纯地从海量商品中选择自己满意的产品和服务，而是根据自己的偏好直接进行个性化定制。除了业务赋能，数据经济在创新驱动中也发挥了重要作用。企业通过与用户建立数字连接，能够精准定位用户群体，实时掌握用户体验信息，明确产品创新的方向，降低创新成本和风险。总而言之，数字经济可以对制造业进行全要素、全流程、全产业链的改造，智能制造成为未来制造业抢占全球制高点、迈向全球价值链中高端的主攻方向。

3.1.2 制造业投入服务化的作用模式

从价值链的角度来看，制造业要想增强行业竞争力、增加产品附加值，就需要向价值链两端进行延伸和拓展。一般而言，企业获得竞争优势的关键环节主要集中在"微笑曲线"两端：一端为研发、设计等上游环节，另一端为渠道拓展、品牌管理和售后服务等下游环节。而处于中游环节的加工组装和制造环节的竞争力较弱，产品附加值也小。服务化意味着向价值链的两端延伸，产业价值链的重心由生产端向研发设计、产品销售、增值服务等环节转移，推动企业"产品+信息服务""产品+运营服务""产品+客户价值创造"等新业态和新模块的快速兴起。基于此，制造业投入服务化的主要模式可分为价值链下游服务化、价值链上游服务化、价值链上下游服务化及完全去制造化四种类型（见表3-1）。

表3-1　　　　　　　　　　制造业投入服务化的四种模式

模式	进入门槛	服务化阶段	对应价值链形状
价值链下游服务化	最低	初级	
价值链上游服务化	较高	中级	
价值链上下游服务化	高	高级	
完全去制造服务化	最高	最高	

资料来源：简兆权和伍卓深（2011）。

1. 价值链下游服务化

价值链下游服务化是制造企业将服务要素更多地投入在价值链的下

游阶段，关注产品的营销渠道、品牌管理或售后服务等环节，是基于客户需求导向而进行的。在此模式下，制造业的经营理念由"产品＋技术"逐步过渡到"应用＋服务"的模式，即主要通过向顾客提供产品及相关服务来增强其市场竞争力，以此为基础实现顾客价值和企业价值的有机结合。价值链下游服务化模式适合新创企业或者服务化程度不高的企业，可实现性较强。一方面是因为下游服务化符合大多数企业发展战略的基本路线，可借鉴的行业经验比较成熟，投资风险较小；另一方面则因为下游服务化占用的企业固定资产相对较少，投入成本较低。

典型案例是青岛红领集团有限公司，它以提供高端服装定制化服务打造了独特的核心价值。从 2003 年开始，红领集团以欧美市场为试验基地，以信息化和工业融合为基础，形成了完整的物联网体系，实现了服务化转型。红领通过大数据和物联网技术，形成采集需求数据、将需求数据转化为生产数据、智能研发设计、计划排产、自动排版、价值链协同、生产执行、质保体系、物流配送以及完全数字化客服运营的体系，实现个性化产品的大规模制造。2014 年上半年，服装行业上市公司整体营收增速为 - 2.6%，净利润增速为 - 3.6%，红领集团却实现了业务收入和利润同比增长 150% 的可观业绩（辛国斌和田世宏，2016）。虽然大规模定制成本比同质产品生产成本高出 10%，但利润却可以实现多倍增长。个性化定制生产打破了"同质化、低成本竞争"的窘境，实现了产品差异化竞争，满足了消费者个性化需求，提升了客户忠诚度，提升了品牌竞争力，成为服装制造业未来发展的趋势。

2. 价值链上游服务化

价值链上游服务化是制造企业将更多的服务要素投入价值链上游阶段，积极介入研发、设计、规划等价值链上游环节。一般而言，购买或引进国内外核心技术容易受到供应商的技术俘获，企业发展节奏易受钳制。研发和设计环节是制造业缔造自身核心优势的关键环节。所以，制造企业上游服务化对于企业的要求较高，适用于已经初步实现服务化，但是对于高端研发服务环节具有强烈需求的公司。研发、设计环节需要投入高端生产要素，包括高级人才、先进设备以及源源不断的资金投入，并且研发周期较长，甚至还有研发失败的风险，所以这需要企业具备一定的规模和资金实力来应对这些不确定性。当然，如果服务化转型成功，制造企业可以将研发、设计等服务要素作为企业的主要业务之一，为第三方提供研发设计咨询服务，也可以拓展企业的营收渠道。

典型案例是华为技术有限公司，它以高度重视创新与研发而著称，在技术与解决方案方面做到了世界领先的地位。华为高度重视研发活动，每年投入研发的资金占全年收入的 10%~15%。2018 年，华为研发投入 1000 多亿元，位列全球第五，并承诺未来几年还会逐步提升。截至 2018 年底，华为累计获得授权专利 8.78 万项，已经成为全球最大的专利持有企业之一。华为大概有 15000 人从事基础研究，华为创新和研发的主体是 2012 实验室以及旗下的众多的研究机构。[①] 通过以客户为中心的研发与创新，华为能够持续地为客户提供不断升级的产品和服务，业务已遍及世界各个角落。

3. 价值链上下游服务化

价值链上下游服务化的主要逻辑是制造企业将高级服务要素投入价值链的两端，包括上游的研发设计阶段，也包括下游的营销售后阶段，由此获得行业竞争优势。此种模式结合了前两种模式的运作思路，属于比较高级的演化阶段。这种服务化方式对企业自身的要求更高，因为企业需要投入大规模的人才和物力，才可以支撑这种全链条的业务拓展路径，对企业的研发能力、资金支持能力和全链条综合管理能力的要求都比较高。此外，这种模式需要企业在战略规划、组织架构、运营模式等方面做出较大的调整，因此经营管理的风险也会加大。总体而言，这种模式适应于经营管理能力、资金实力和竞争能力都比较强的大型制造企

---

① 2019 年 6 月 27 日华为发布的《华为创新与知识产权白皮书》。

业。由此可见，价值链上下游服务化可以为亟待转型升级的传统大型制造企业提供发展的契机。

典型案例为陕西鼓风机（集团）有限公司（以下简称陕鼓），其服务化转型成效明显。21世纪初，陕鼓已经成为全球生产制造轴流压缩机最多的企业，但陕鼓意识到市场需求迟早会饱和，企业需要核心的产品和技术来进行转型升级。于是陕鼓果断抛弃低附加业务，强化高端价值链能力建设。通过引入互联网、物联网、云计算和远程服务控制等一系列先进技术，成立了陕鼓旋转机械远程在线监测及故障诊断中心，通过与专家建立连接对数据进行分析，及时掌握设备运行状况并对可能出现的故障提前预警。接着，陕鼓向客户提供基于产品效能提升的增值服务和维修改造服务，甚至上升到服务化程度最高的阶段，即向客户提供工程成套服务以及金融租赁服务。在研发方面，陕鼓拥有国家首批认定的国家级技术中心和2004年批准设立的博士后科研工作站。陕鼓始终坚持技术创新，不断加大研发投入，2012年研发投入占销售收入的10.47%,[1] 在同行排名中名列前茅。陕鼓还积极搭建技术创新平台，积极开展国际合作，为企业提供技术支持。陕鼓权衡自身优势，并没有只专注于服务，在制造和服务提供环节多方发力，产品和服务相互渗透，最终实现一体化高效发展。

4. 完全去制造服务化

除了以上三种模式之外，还有一种最高级的发展模式，即完全去制造服务化模式。完全去制造是指制造企业完全放弃低附加值的制造生产环节，而将主要精力投入在高附加值的上下游产业链环节。随着制造企业在上下游服务化程度的不断加深，服务环节所创造的利润和前景都比较可观，企业就会倾向于剥离不具备优势的生产制造环节。这种模式是在第3种模式的基础上形成的，是其在实践中的进一步升级。此模式对于企业的要求最

---

① 辛国斌，田世宏. 智能制造标准案例集 [M]. 中国工信出版集团，2016.

高，企业能够放弃制造业的内核生产环节，说明企业在价值链的上下游服务环节具备极强的竞争优势，能够打造核心竞争能力，能够保证企业继续生存与发展壮大。此外，运营价值链的高端环节需要企业在管理控制能力、技术实力和运营能力方面也相当成熟。

典型案例是耐克公司，耐克凭借其强大的研发与营销能力，成为运动服领域名副其实的"归核化"。随着知名度的提高，耐克提倡只出资金和技术，大力发展生产外包策略，"耐克公司从来不生产一双耐克鞋"成为当今耐克的真实写照。耐克公司自己不设工厂，其强大的研发设计与营销管理能力是实施生产外包的强大后盾。耐克公司利用全球最廉价的劳动力为其生产，节省了大量的生产基建资产、设备购置费用以及人工费用。耐克向外部借力，利用外部的要素成本优势来降低自身的投资风险。这是耐克之所以能够以较低的成本和其他品牌竞争的重要原因，也为其全球化战略起到了积极的作用。

3.1.3　制造业投入服务化的测算方法

为了在全球范围内分析制造业与生产性服务业之间的经济联系，进一步测算制造业投入服务化水平，我们需要采用投入产出表进行分析和计算。2016 年发布的世界投入产出数据库涵盖了 2000 ~ 2014 年 44 个经济体 56 个行业，包括 43 个国家（地区）和其他国家（ROW）。43 个国家的 GDP 总量占世界总体的比重达到 85% 以上，能够有效地反映世界主要经济活动。

本书将全球产业部门之间的相互关系视为一个封闭经济，各个国家和部门的最终使用不涉及出口与进口的概念。出口可以看作一国的产品作为中间产品或最终产品对其他国家各部门的投入，进口则可以看作其他国家各部门的产品作为中间产品或最终产品对本国各部门的投入（袁志刚等，2014）。为了不失一般性，我们讨论一个全球范围内的跨国投入产出模型，涉及 G 个国家（本国和外国）N 个部门，投入产出表如表 3 - 2 所示。

表 3 - 2   世界投入产出表

项目		中间使用				最终使用				总产出
		1	2	⋯	G	1	2	⋯	G	
中间投入	1	Z_{11}	Z_{12}	⋯	Z_{1G}	Y_{11}	Y_{12}	⋯	Y_{1G}	X_1
	2	Z_{21}	Z_{22}	⋯	Z_{2G}	Y_{21}	Y_{22}	⋯	Y_{2G}	X_2
	⋮	⋮	⋮	⋱	⋮	⋮	⋮	⋱	⋮	⋮
	G	Z_{G1}	Z_{G2}	⋯	Z_{GG}	Y_{G1}	Y_{G2}	⋯	Y_{GG}	X_G
增加值		V_1	V_2	⋯	V_G					
总投入		$(X_1)'$	$(X_2)'$	⋯	$(X_g)'$					

Z_{sr} 是 $N \times N$ 阶中间投入矩阵，表示在 s 国生产但是被 r 国使用的中间投入部分；Y_{sr} 是 $N \times 1$ 阶的最终产品消耗向量，表示在 s 国生产最终被 r 国消费的最终产品；X_s 代表 $N \times 1$ 阶 s 国总产出向量；V_s 代表 $1 \times N$ 阶 s 国的直接增加值向量。那么，直接消耗系数矩阵可以表示成 $A = Z \widehat{X}^{-1}$，其中 $\widehat{X}$ 代表总产出向量的对角矩阵。直接消耗系数矩阵可以表示为：

$$A = \begin{bmatrix} A_{11} & \cdots & A_{1G} \\ \vdots & \ddots & \vdots \\ A_{G1} & \cdots & A_{GG} \end{bmatrix} \tag{3-1}$$

基于此，我们将采用直接消耗系数法和完全消耗系数法对制造业投入服务化水平进行测算。需要说明的是，本书只计算制造业中所投入的生产性服务业，不包含生活性服务业和公共服务业。

WIOD 世界投入产出数据库中的门类划分采用的是国际标准行业分类（ISIC Rev. 4），根据彭水军等（2017）、吴永亮等（2018）的划分标准，本书将制造业区分为低、中、高技术制造业，将服务业区分为生产性服务业、生活性服务业和公共服务业，具体划分标准如表 3 - 3 所示。

制造业投入服务化与贸易高质量发展

表 3 – 3　　　　WIOD 世界投入产出表中制造业和服务业部门划分

大类	左侧部门	技术类别	右侧部门
制造业	r5：C10 ~ C12 食品饮料和烟草制品	低技术制造业	r5：C10 ~ C12 食品饮料和烟草制品
	r6：C13 ~ C15 纺织、服装和皮革制品		r6：C13 ~ C15 纺织、服装和皮革制品
	r7：C16 木材及木制品或软木制品（家具除外）；编制材料		r7：C16 木材及木制品或软木制品（家具除外）；编制材料
	r8：C17 造纸及纸制品		r8：C17 造纸及纸制品
	r9：C18 印刷及刻录		r9：C18 印刷及刻录
	r10：C19 焦炭、精炼石油制品		r22：C31 ~ C32 家具制品，其他制造
	r11：C20 化工和化学制品	中技术制造业	r10：C19 焦炭、精炼石油制品
	r12：C21 基础医药制品		r13：C22 橡胶和塑料制品
	r13：C22 橡胶和塑料制品		r14：C23 其他非金属矿物制品
	r14：C23 其他非金属矿物制品		r15：C24 基础金属制品
	r15：C24 基础金属制品		r16：C25 焊接金属制品（机械设备除外）
	r16：C25 焊接金属制品（机械设备除外）	高技术制造业	r11：C20 化工和化学制品
	r17：C26 计算机、电子和光学设备		r12：C21 基础医药制品
	r18：C27 电器设备制造		r17：C26 计算机、电子和光学设备
	r19：C28 机械设备制造		r18：C27 电器设备制造
	r20：C29 汽车、托架及半托架		r19：C28 机械设备制造
	r21：C30 其他运输设备		r20：C29 汽车、托架及半托架
	r22：C31 ~ C32 家具制品，其他制造		r21：C30 其他运输设备
服务业	r23：C33 机械设备的修理和安装	生产性服务业	r23：C33 机械设备的修理和安装
	r24：D35 电力、燃气、蒸汽和空调供应		r28：G45 汽车、摩托车的批发、零售和修理
	r25：E36 水的收集、处理和供应		r29：G46 批发贸易（汽车、摩托车除外）
	r26：E37 ~ E39 污水；废物收集、处理及处置活动；材料回收；整治及其他废物管理服务		r30：G47 零售贸易（汽车、摩托车除外）
	r28：G45 汽车、摩托车的批发、零售和修理		r31：H49 陆路运输和管道运输
	r29：G46 批发贸易（汽车、摩托车除外）		r32：H50 水路运输
	r30：G47 零售贸易（汽车、摩托车除外）		r33：H51 航空运输
			r34：H52 仓储和运输支持

服务业	r31：H49 陆路运输和管道运输	生产性服务业	r35：H53 邮政及速递业务
	r32：H50 水路运输		r39：J61 电信
	r33：H51 航空运输		r40：J62～J63 电脑编程、咨询和信息服务
	r34：H52 仓储和运输支持		r41：K64 金融服务（保险和养老金除外）
	r35：H53 邮政及速递业务		r42：K65 保险、再保险、养老金（强制社保）
	r36：I 住宿和餐饮		r43：K66 金融及保险辅助服务
	r37：J58 出版活动		r44：L68 房地产
	r38：J59～J60 电影、影视节目制作、录像、音乐、节目及广播		r45：M69～M70 法律和会计；总部活动；管理咨询
	r39：J61 电信		r46：M71 建筑和工程；技术测试和分析
	r40：J62～J63 电脑编程、咨询和信息服务		r47：M72 科学研究和发展
	r41：K64 金融服务（保险和养老金除外）		r48：M73 广告和市场调研
	r42：K65 保险、再保险、养老金（强制社保除外）		r49：M74～M75 其他专业性服务；科学技术
	r43：K66 金融及保险辅助服务		r50：N 管理与支持性活动
	r44：L68 房地产	生活性服务业	r36：I 住宿和餐饮
	r45：M69～M70 法律和会计；总部活动；管理咨询		r37：J58 出版活动
	r46：M71 建筑和工程；技术测试和分析		r38：J59～J60 电影、影视节目制作、录像、音乐、节目及广播
	r47：M72 科学研究和发展		r55：T 家庭雇佣活动
	r48：M73 广告和市场调研	公共服务业	r24：D35 电力、燃气、蒸汽和空调供应
	r49：M74～M75 其他专业性服务；科学技术		r25：E36 水的收集、处理和供应
	r50：N 管理与支持性活动		r26：E37～E39 污水；废物收集、处理及处置活动；材料回收；整治及其他废物管理服务
	r51：O84 公共行政和国防；强制社保		r51：O84 公共行政和国防；强制社保
	r52：P85 教育		r52：P85 教育
	r53：Q 人类卫生和社会工作		r53：Q 人类卫生和社会工作
	r54：R～S 其他服务活动		r56：U 区域外组织和机构活动
	r55：T 家庭雇佣活动		
	r56：U 区域外组织和机构活动		

资料来源：根据 WIOD 数据库自行整理和分类。

43

1. 直接消耗系数法

基于投入产出思路，运用最成熟的方法是直接消耗系数法，反映生产部门之间的经济技术联系。如表 3-2 所示，制造业 j 部门的总产出为 X_j，服务业 i 部门的直接投入量为 Z_{ij}，那么制造业 j 部门对服务业 i 部门的直接消耗系数 a_{ij} 可表示为：

$$a_{ij} = X_{ij}/X_j, i,j = 1,2,3\cdots,n \tag{3-2}$$

加总某一制造业部门对于所有生产性服务部门的直接消耗系数，即得到某一制造业部门对于服务业的直接消耗指数，计算公式如下：

$$\text{制造业 } j \text{ 部门对于服务业} \atop \text{的直接消耗系数指数} = \sum_{i=1}^{n} a_{ij}, i \text{ 为生产性服务部门} \tag{3-3}$$

2. 完全消耗系数法

完全消耗系数是直接消耗和间接消耗的总和，是在直接消耗的基础上考虑到通过其他行业对生产性服务业的消耗而产生的间接影响，能够全面地反映制造业与生产性服务业之间相互依存的经济联系。具体计算公式如下：

$$Sevitization_{ij} = a_{ij} + \sum_{k=1}^{n} a_{ik}a_{kj} + \sum_{s=1}^{n}\sum_{k=1}^{n} a_{is}a_{sk}a_{kj} + \cdots +$$

$$\sum_{s=1}^{n}\sum_{k=1}^{n}\cdots\sum_{t=1}^{n} a_{is}a_{sk}\cdots a_{hm}a_{mt} \tag{3-4}$$

其中，$Sevitization_{ij}$ 代表制造业 j 的服务化水平；等号右侧第一项 a_{ij} 代表制造业 j 部门对于服务业 i 部门的直接消耗，第二项为制造业部门 j 通过部门 k 对服务部门 i 所产生的第一轮间接消耗，以此类推，直到实现第 n 轮间接消耗。完全消耗系数的测算方法可以用矩阵表示为：

$$S = (I-A)^{-1} - I \tag{3-5}$$

其中，S 为完全消耗系数矩阵，A 为直接消耗系数矩阵，I 为 $NG \times NG$ 阶单位矩阵。加总某一制造业部门对于所有生产性服务业的完全消耗系数，即得到某一制造业对于生产性服务业的完全消耗系数，计算公式如下：

$$W_j = \sum_{i=1}^{n} S_{ij}, i \text{ 为生产性服务部门} \tag{3-6}$$

3. 出口内涵服务增加值的测算

本书在 KWW 的研究框架下，从贸易增加值的视角，来测算行业层面出口内涵的服务增加值。基于表 3 - 2，构建多国情形下的出口内涵增加值的测算公式：

$$
\widehat{V}B\widehat{E} =
\begin{bmatrix}
\widehat{V}_1 & 0 & \cdots & 0 \\
0 & \widehat{V}_2 & \cdots & 0 \\
\vdots & \vdots & \ddots & \vdots \\
0 & 0 & \cdots & \widehat{V}_N
\end{bmatrix}
\begin{bmatrix}
B_{11} & \cdots & B_{1N} \\
\vdots & \ddots & \vdots \\
B_{N1} & \cdots & B_{NN}
\end{bmatrix}
\begin{bmatrix}
\widehat{E}_1 & 0 & \cdots & 0 \\
0 & \widehat{E}_2 & \cdots & 0 \\
\vdots & \vdots & \ddots & \vdots \\
0 & 0 & \cdots & \widehat{E}_N
\end{bmatrix}
$$

$$
=
\begin{bmatrix}
EV_{11} & \cdots & EV_{1N} \\
\vdots & \ddots & \vdots \\
EV_{N1} & \cdots & EV_{NN}
\end{bmatrix}
\tag{3-7}
$$

其中，$\widehat{V}$ 为各国直接增加值系数矩阵的对角矩阵，$\widehat{V}_r$ 中的每个元素为各国直接增加值在总产出中所占的份额，等于 1 减去所有国家（包括国外）的中间投入份额；$B = (I - A)^{-1}$ 表示里昂惕夫逆矩阵，A 表示直接消耗系数矩阵；$\widehat{E}$ 为各国出口向量的对角阵。矩阵（3 - 7）每一列表示出口贸易增加值的创造过程，而行则表示出口增加值是如何在国与国之间分布的。具体而言，第一列表示国家 1 出口所创造的增加值，包括两个部分：EV_{11} 表示出口所包含的国内增加值部分，$EV_{i1}(i \neq 1)$ 代表出口所包含的国外附加值部分；矩阵 EV 的对角元素代表各国出口所包含的国内增加值部分。

因为要测算出口的服务（特指生产性服务）增加值，在 EV 矩阵的基础上我们需要横向找出每个国家的制造业部门，然后再纵向筛选出各国的生产性服务业进行加总，即可获得各国制造行业出口的服务增加值。在此基础上，我们还可以进一步筛选出国内服务增加值和国外服务增加值。

3.1.4　制造业投入服务化发展的典型特征分析

1. 总体发展特征

本章用完全消耗系数测算的服务化水平来分析我国制造业服务化水平的发展现状与趋势。完全消耗系数在全球范围内与在单一国家情况下存在一些差异。在单一国家投入产出模型中，完全消耗系数变化反映了一国内部的最终需求变动所引致的投入变化。但在全球范围内，虽然最终产品的生产在本国进行，但是其涉及的中间品的投入过程可能发生在国内，还可能发生在国外。我们不仅可以通过完全消耗系数的变化观察到生产性服务业对制造业各个部门生产的投入变动情况，还可以区分出国内和国外服务投入的不同情形。

如表3−4所示，分部门来看，总服务化水平在低、中、高技术制造业部门基本是按照递增的顺序排列的，说明高技术制造业的服务化水平较高，而低技术制造业的服务化水平较低。其中，汽车、托架及半托架（0.4710）、电器设备制造（0.4300）和计算机、电子和光学设备（0.4224）服务化水平位列前三，都属于资本和技术密集型行业。而木材、木制品或软木制品（家具除外）；编制材料（0.3077）、家具制品，其他制造（0.2983）和焦炭、精炼石油制品（0.2947）的服务化水平最低，服务要素的投入水平围绕在30%左右，基本上都属于劳动密集型行业。从截面对比情况来看，国内服务化水平的绝对值和总服务化水平的排布趋势基本一致，汽车、托架及半托架（0.4275）的国内服务化水平最高，而焦炭、精炼石油制品（0.2526）的国内服务化水平最低。值得注意的是，从国内和国外服务投入的相对比例来看，国内服务投入所占比重最高的是低技术制造业部门，所占比重较低的是中、高技术制造业部门。食品饮料及烟草制品（93.15%）的国内服务要素投入所占比重最高，而计算机、电子和光学设备（87.62%）国内服务要素投入比重较低。这说明国内服务要素更加侧重于投向低技术制造业部门，而国外服务要素侧重于投入我国中、高技术制造业部门。

表 3 - 4　　　　　2014 年中国制造业分部门投入服务化水平

行业代码	制造业部门	总服务化水平	国内服务化水平	国内占比（%）	国外服务化水平	国外占比（%）
C10 ~ C12	食品饮料及烟草制品	0.3150	0.2935	93.15	0.0216	6.85
C13 ~ C15	纺织、服装和皮革制品	0.3819	0.3536	92.58	0.0283	7.42
C16	木材、木制品或软木制品（家具除外）；编制材料	0.3077	0.2809	91.30	0.0268	8.70
C17	造纸及纸制品	0.3712	0.3337	89.88	0.0376	10.12
C18	印刷及刻录	0.3734	0.3373	90.32	0.0361	9.68
C19	焦炭、精炼石油制品	0.2947	0.2526	85.73	0.0420	14.27
C20	化工和化学制品	0.3875	0.3466	89.45	0.0409	10.55
C21	基础医药制品	0.4121	0.3817	92.63	0.0304	7.37
C22	橡胶和塑料制品	0.4064	0.3661	90.08	0.0403	9.92
C23	其他非金属矿物制品	0.3681	0.3354	91.12	0.0327	8.88
C24	基础金属制品	0.3444	0.3044	88.37	0.0400	11.63
C25	焊接金属制品（机械设备除外）	0.3949	0.3568	90.36	0.0381	9.64
C26	计算机、电子和光学设备	0.4224	0.3701	87.62	0.0523	12.38
C27	电器设备制造	0.4300	0.3853	89.60	0.0447	10.40
C28	机械设备制造	0.4148	0.3723	89.75	0.0425	10.25
C29	汽车、托架及半托架	0.4710	0.4275	90.76	0.0435	9.24
C30	其他运输设备	0.4025	0.3557	88.37	0.0468	11.63
C31 ~ C32	家具制品；其他制造	0.2983	0.2722	91.25	0.0261	8.75

资料来源：根据 WIOD 数据库自行计算。

如图 3 - 1 所示，根据 WIOD 数据库计算出 2000 年、2007 年和 2014 年制造业各部门的服务化投入水平，从制造业分部门服务化水平的动态发展规律进行考察。总体来看，2000 ~ 2007 年，除了基础医药制品（C21）以外，其他部门的服务化水平都呈现出一定程度的停滞和下降趋势。其中，低技术和中技术制造业的服务化水平下降幅度较大，如木材、木制品或软木制品（家具除外）；编制材料（C16）从 0.3395 下降到 0.27，下降幅度为 20.5%；基础金属制品（C24）从 0.3749 下降到 0.2901，下降幅度为 22.6%；高技术制造业的服务化水平出现停滞状态或小幅下降状态，计算机、电子和光学设备（C26），汽车、托架及半托架（C29）出现停滞状态；电器设备制造（C27）和机械设备制造（C28）出现小幅下降状态。2007～2014 年，制造业所有部门的服务化水平都得到较大幅度的提升，橡胶和塑料制品（C22）达到 32.9% 的增幅，纺织、服装和皮革制品（C13～C15）达到 32.6% 的增幅，变动最小的木材、木制品或软木制品（家具除外）（C16）也达到了 14% 的增幅。

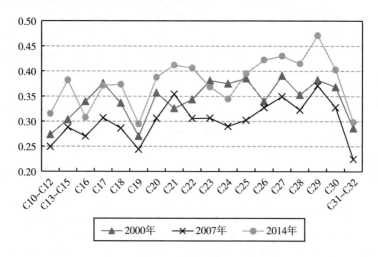

图 3-1　中国制造业分部门投入服务化水平动态变化
资料来源：根据 WIOD 数据库自行计算。

如图 3-2 所示，从时间发展趋势来看，2000～2014 年我国制造业总服务化水平和国内服务化水平整体呈现 "U" 型，国外服务化水平整体呈现倒 "U" 型。将每年各部门的服务化水平进行加权得到每年我国整体制造业的服务化水平，权重为某部门产值占所有制造业部门产值总和的比重。总服务化水平在 2004 年达到最小值（0.2987），在 2014 年达到最大值（0.3811）。国内服务化水平也在 2004 年达到最小值（0.244），在 2014 年达到最大值（0.343）。国外服务化水平在 2000 年达到最小值（0.038），在 2007 年达到最大值（0.0549）。值得关注的是，从国内和国外服务要素投入的相对比例来看，国内服务化所占比重整体呈现 "U"

型，在 2007 年达到一个最低点（81.71%）之后逐年上升，在 2014 年到达最高点（90%）；与之对应，国外服务化所占比重整体呈现倒"U"型，在 2007 年达到一个最高点（18.29%）之后逐年上升，在 2014 年到达最低点（10%）。我们还发现一个有趣的状况，即 2008~2009 年国内服务化水平有一个较大的跃升，而国外服务化水平有一个较大的回落，这可能是由于金融危机过后全球化趋势暂时弱化和需求下降所导致国内服务投入的暂时反弹与国外服务投入的逆向回落，即国内生产性服务对国外生产性服务投入出现了反向替代的现象。

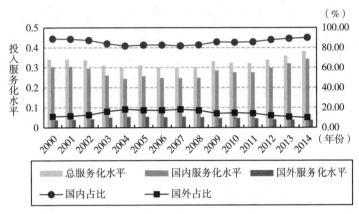

图 3 - 2　2000~2014 年中国制造业投入服务化水平

资料来源：根据 WIOD 数据库自行计算。

2. 制造业异质性服务投入的典型特征分析

由于生产性服务业的异质性，将生产性服务业所包含的几种常见形式进行归类，进一步来测算异质性服务业对制造业的投入水平。本书将生产性服务业中的汽车、摩托车的批发、零售和修理（G45），批发贸易（汽车、摩托车除外）（G46）和零售贸易（汽车、摩托车除外）（G47）三个服务部门归类为分销服务业；将陆路运输和管道运输（H49），水路运输（H50），航空运输（H51），仓储和运输支持（H52）和邮政及速递业务（H53）五个服务部门归类为运输服务业；将电信（J61）和电脑编程、咨询和信息服务（J62~J63）两个部门归类为信息服务业；将金融服务（保险和养老金除外）（K64），保险、再保险、养老金（强制社保除外）（K65）和金融及保险辅助服务（K66）三个部门归类为金融服务业。

　　如图 3 – 3 所示，将 2014 年制造业各部门的异质性服务投入水平进行对比，发现我国制造业总体上呈现分销服务化水平 > 运输服务化水平 > 金融服务化水平 > 信息服务化水平的情形。批发零售之类的传统服务业的投入水平最高，这是由于各个制造业部门都需要通过各种分销渠道将产品送达到消费者手中，是各个部门最普遍的一种服务投入形式。其中，纺织、服装和皮革制品的分销服务化水平最高，因为此类产品属于生活必需品，并且营销策划或品牌推广等服务投入对于企业销售绩效具有极大的促进作用。运输服务化水平略高于金融服务化水平，都大大高于信息服务化水平。信息服务化水平较低，可能是由于电信行业的迅速发展使其具有较大的规模经济效应，被各个行业所分摊的电信服务投入成本相对较小。

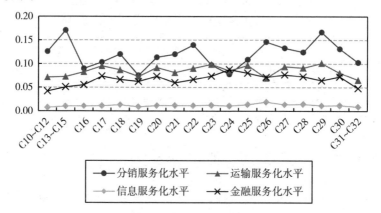

图 3 – 3　2014 年制造业分部门的异质性服务投入状况
资料来源：根据 WIOD 数据库自行计算。

　　如图 3 – 4 所示，从异质性服务投入水平的时间发展趋势来看，分销服务化水平在 2005 年到达一个最低点 0. 0677，而后 2005 ~ 2014 年呈现逐年上升趋势；运输服务化水平基本呈现缓慢下降的态势，而金融服务化水平呈现缓慢上升的态势；信息服务化水平在 2000 ~ 2005 年呈现缓慢上升趋势，在 2005 ~ 2014 年呈现缓慢下降趋势。

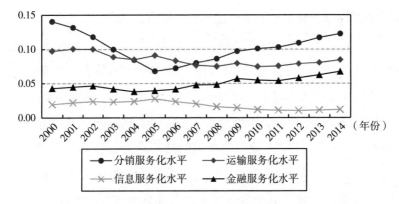

图3-4 2000~2014年中国制造业的异质性服务投入状况

资料来源:根据WIOD数据库自行计算。

3. 制造业投入服务化的国别差异对比

为了显示我国制造业服务化水平在全球范围内的相对位置,我们选取几个典型国别进行对比。本书选取了美国、日本、德国和印度四个国家,分别计算了2014年几个国家的总服务化水平、国内服务化水平和国外服务化水平。如图3-5所示,德国的总服务化水平达到最高(0.53),其次为美国(0.41)、中国(0.38)、印度(0.36)和日本(0.34)。值得关注的是,从几个国家国内和国外服务化水平的相对大小来看,中国

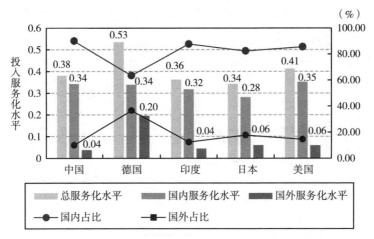

图3-5 2014年中国与典型国家制造业投入服务化水平对比

资料来源:根据WIOD数据库自行计算。

和印度的国内服务化水平所占的比重相对较大，德国国内服务化水平所占的比重最小。这可能是由于发达国家或者制造业发展较好的国家服务贸易领域比较开放，更加容易获得来自国外的高端生产性服务；而新兴发展中国家一方面由于服务贸易开放不足，另一方面由于本国拥有规模较大、成本较低的服务要素提供者，因此制造业的服务投入主要来自本国市场。

如图 3-6 所示，从总服务化水平的时间发展趋势来看，2000~2014年各个国家呈现出不一样的发展态势。横向比较来看，德国在各个年份的服务化水平都远高于其他几个国家；其他几个国家在大多数年份呈现出美国 > 日本 > 印度 > 中国的排布态势。德国的总服务化水平较高并且呈现出比较稳定的态势，其他几国波动幅度较大。由此可见，德国作为全球制造业的领先者，精湛的制造工艺离不开各种生产性服务业的加持；中国和印度作为新兴发展中国家，其服务化程度不及德国、美国和日本，但随着制造业转型升级的压力加大，其服务化水平势必会呈现上升的态势。我们发现，中国从 2011 年开始服务化水平每年大幅提升，印度也从 2012 年开始连续两年逐步上升；但日本的服务化水平从 2009 年之后出现了大幅的下跌，到 2014 年已经不及中、印两国的服务化水平。这可能是由于日本在金融危机的负面影响和经济衰退周期的背景下，人口老龄化和社会结构固化导致制造业发展变革所需的新型人才和技术供给乏力，生产性服务业投入也相应衰减。

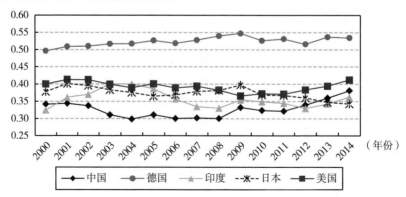

图 3-6　2000~2014 年中国与典型国家制造业投入服务化水平对比

资料来源：根据 WIOD 数据库自行计算。

3.2 中国制造业出口贸易的发展现状分析

3.2.1 中国制造业出口规模的动态演化特征分析

如图3-7所示,从制造业整体出口的情况来看,[①] 2000年出口总额为2381.72亿美元,2017年达到22105.18亿美元,年均增长率达到14%。制造业出口额在2014年达到峰值22288.91亿美元,这是由于金融危机过后经济逐渐复苏出现的贸易回暖现象。分阶段来看,2000~2008年的出口贸易总额呈现递增的态势,2008~2009年金融危机过后出现短暂回落,2009~2014年又开始逐年增长,2014~2016年出现逐年递减现象,2017年出口额又得以回升。总体而言,2000~2017年中国制造业贸易总额总体呈现阶梯状上升的发展趋势。

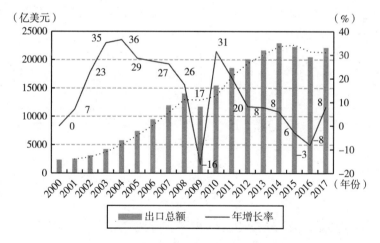

图3-7 2000~2017年中国制造业出口总额的时间趋势
资料来源:中华人民共和国国家统计局。

---

① 本书将按 HS-1992 产品分类标准统计的各项出口数据(来自中国统计局网站)与 ISIC Rev.4 代码对照(见附录2),把属于制造业的统计数据进行归纳整合,获得 2000~2017 年制造业出口的分类数据。

　　然而，从年增长率的发展趋势来看，制造业出口的形势波动较大。2000～2004年，年增长率呈现上升趋势，2004～2009年增长率逐年下滑，特别是2008～2009年下降幅度极其陡峭，从17%陡然下降到－16%，而2009～2010年增长率迅速反弹，而后2010～2016年，年增长率都在逐年下降，2017年初见反弹之势。由此可见，制造业出口额与全球经济发展形势和国际贸易局势紧密相关，金融危机和贸易战等都会显著影响我国的贸易总额或者增长幅度。

　　如图3－8所示，从制造业分部门出口规模的时间发展趋势来看，各个部门呈现出不一样的发展态势。本书分别选取低、中、高技术制造业各两个部门来进行分析，低技术部门选取食品饮料和烟草制品以及纺织、服装和皮革制品，中技术部门选取橡胶和塑料制品以及基础金属制品，高技术部门选取计算机、电子和光学设备以及汽车、托架及半托架部门。结果发现纺织、服装和皮革制品与基础金属制品的出口规模相对于其他部门有绝对优势，而食品饮料和烟草制品与汽车、托架及半托架部门的出口额相对较少。我们还发现所有部门出口额都在2008～2009年和2014～2015年期间有短暂回落，但是总体都是呈现阶梯上升的发展趋势。

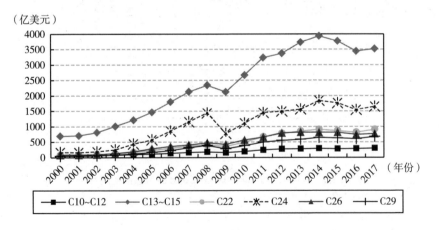

图3－8　2000～2017年制造业分部门出口总额的时间趋势

资料来源：中华人民共和国国家统计局。

3.2.2　中国制造业出口增长的三元边际分解框架

国际贸易摩擦的频发以及新冠肺炎疫情的持续暴发对制造业出口贸易产生诸多不确定性影响，在多变形势下如何准确判断制造业出口增长的边际贡献，进而采取更加精准的贸易促进政策具有重要的现实意义。本书将二元边际理论进行拓展，采用三元边际理论分析方法，对于中国制造业出口增长的边际贡献进行量化，以期探寻制造业出口贸易增长的内在动力。一方面，可以为贸易高质量发展提供基础数据支撑；另一方面，可以因势利导，在不同的形势下有所侧重地采取更加精准的贸易促进政策，为相关贸易政策制定提供重要的参考依据。

1. 三元边际分解方法

中国制造业出口规模总体呈现逐步增长的态势，那么制造业出口增长的主要动力来源是什么？制造业出口份额的增长不仅和制造业的出口价值有关，还和出口产品的种类或者出口目的国的数量有关。基于二元边际理论内涵，借鉴胡梅尔斯和克莱诺（2005）与施炳展（2010）的研究经验，本书将贸易增长进行三元边际分解。

首先，确定我国制造业出口的目的国为 OECD 国家，其次分别对我国出口到各个目的国的贸易份额进行分解。我们把每个国家的出口分解为扩展边际和集约边际，即一个国家是出口更多的产品种类到更多的国家（扩展边际）还是在一定的产品种类范围内出口更多的产品总额（集约边际）。进一步将集约边际分解为数量边际和价格边际，来考察出口价值的增加是由于数量的增加还是价格的增加所导致的。

c、d 和 w 分别表示中国、目的国和世界。E_{cd} 表示中国出口到目的国制造业的贸易额，E_{wd} 表示世界出口到目的国制造业的贸易额。中国出口到目的国的制造业份额表示中国出口到目的国的制造业总额占世界出口到目的国的制造业总额的比重，用 TS_{cd} 表示，计算公式为：

$$TS_{cd} = E_{cd}/E_{wd} \tag{3-8}$$

基于此，我们将贸易份额分解为出口扩展边际和集约边际，出口扩展边际 EM_{cd} 的计算公式为：

$$EM_{cd} = \frac{\sum_{i \in I_{cd}} P_{wd} X_{wd}}{\sum_{i \in I_{wd}} P_{wd} X_{wd}} \tag{3-9}$$

其中，P_{wd} 和 X_{wd} 分别表示制造业出口的价格和数量；I_{cd} 和 I_{wd} 分别表示中国对目的国出口的制造业种类集合和世界对目的国出口的制造业种类集合，并且 $I_{cd} \in I_{wd}$。分子表示世界出口到目的国的制造业与中国出口到目的国的制造业产品种类重叠的贸易总额，分母表示世界出口到目的国的制造业的贸易总额。扩展边际反映了中国和世界出口到目的国的制造业种类的重合程度，该值越大，说明中国出口到目的国的产品种类越丰富。若 $EM_{cd} = 1$，说明中国出口了世界出口到目的国的所有制造业的产品种类，扩展边际达到最大。

出口的集约边际 IM_{cd} 的计算公式为：

$$IM_{cd} = \frac{\sum_{i \in I_{cd}} P_{cd} X_{cd}}{\sum_{i \in I_{cd}} P_{wd} X_{wd}} \tag{3-10}$$

其中，分子表示中国出口到目的国制造业的贸易总额，分母表示世界出口到目的国的制造业与中国出口到目的国制造业种类重合的产品的贸易总额。集约边际表示中国出口到目的国的制造业产品总额占相同种类下世界出口到目的国的制造业的产品总额的比重。该值越大，说明在相同的产品种类下，中国出口到目的国的产品总额占世界出口到目的国的产品总额比重越大。若 $IM_{cd} = 1$，说明在与世界重合的产品种类中，中国对目的国的制造业出口占据了目的国全部的进口份额。进一步将集约边际分解为数量边际（Q_{cd}）和价格边际（P_{cd}），公式为：

$$IM_{cd} = PM_{cd} \times QM_{cd} \tag{3-11}$$

PM_{cd} 和 QM_{cd} 的表达式为：

$$PM_{cd} = \prod_{i \in I_{cd}} \left(\frac{P_{cd}}{P_{wd}} \right)^{w_{cd}} \tag{3-12}$$

$$QM_{cd} = \prod\nolimits_{i \in I_{cd}} \left(\frac{X_{cd}}{X_{wd}} \right)^{w_{cd}} \qquad (3-13)$$

权重 w_{cd} 的表达式为：

$$w_{cd} = \frac{\dfrac{S_{cd} - S_{wd}}{\ln S_{cd} - \ln S_{wd}}}{\sum\nolimits_{i \in I_{cd}} \dfrac{S_{cd} - S_{wd}}{\ln S_{cd} - \ln S_{wd}}} \qquad (3-14)$$

其中，S_{cd} 表示中国对目的国出口的第 i 种产品的金额占其全部制造业产品出口总额的比重；S_{wd} 表示在重合的产品种类中，世界对目的国出口的第 i 种产品的金额占其全部制造业产品出口总额的比重。

$$S_{cd} = \frac{P_{cd} X_{cd}}{\sum\nolimits_{i \in I_{cd}} P_{cd} X_{cd}} \qquad (3-15)$$

$$S_{wd} = \frac{P_{wd} X_{wd}}{\sum\nolimits_{i \in I_{cd}} P_{wd} X_{wd}} \qquad (3-16)$$

综上，将中国对目的国出口的份额分解为扩展边际、数量边际和价格边际，即

$$TS_{cd} = EM_{cd} \times PM_{cd} \times QM_{cd} \qquad (3-17)$$

最后，为了得到我国总体制造业的出口增长路径，将双边出口的三元边际进行加权汇总。我们需要确定中国制造业出口的所有目的国，然后将中国出口到某一国家的制造业的贸易额占中国出口到所有目的国的贸易总额的比重作为加权系数，进行乘积形式的加权，总体制造业的三元边际计算公式为：

$$IM_c = \prod\nolimits_{t \in T_c} (IM_{ct})^{\sigma_{ct}} \qquad (3-18)$$

$$EM_c = \prod\nolimits_{t \in T_c} (EM_{ct})^{\sigma_{ct}} \qquad (3-19)$$

$$PM_c = \prod\nolimits_{t \in T_c} (PM_{ct})^{\sigma_{ct}} \qquad (3-20)$$

$$QM_c = \prod\nolimits_{t \in T_c} (QM_{ct})^{\sigma_{ct}} \qquad (3-21)$$

$$\sigma_{ct} = E_{ct}/E_c \qquad (3-22)$$

其中，T_c 表示中国制造业出口的所有目的地的集合；IM_c、EM_c、PM_c 和 QM_c

分别表示我国制造业出口的集约边际、扩展边际、价格边际和数量边际；σ_{ct}是乘积加权的权重，等于我国出口到 t 国的贸易额（E_{ct}）占制造业出口总额（E_c）的比重。

2. 数据来源及处理

本节数据来源于 CEPII – BACI 数据库，其数据源是联合国商品贸易统计数据库（UN Comtrade），数据具有较高的权威性和准确性。选取的数据时间段为 2000 ~ 2017 年，选取的出口目的国是 OECD 中 35 个国家（不包含卢森堡，因为出口数据统计为 0）。因为我国每年出口到 OECD 成员方的制造业总额占我国制造业出口总额的 50% 以上，选取这些国家能够很大程度上代表中国制造业贸易增长的各项贡献比例。

因为 CEPII – BACI 中产品代码是 HS – 1992 六位数版本，我们选取六位数代码的前两位数与国际标准行业分类（ISIC Rev. 4）进行对照，确定制造业的产品范围。结合实际，我们删除 CEPII – BACI 中方产品代码前两位是"01 ~ 15"的资源品和初级产品以及前两位是"25 ~ 26"的矿物质产品，而其余产品都被认为是制造业产品；对于本节中纺织、服装和皮革制品的界定，我们认为前两位代码为"41 ~ 43""50 ~ 67"的产品为以上几种轻工业制品。具体的对照标准参照附录 2。

3.2.3　中国制造业出口三元边际的典型特征分析

1. 总体发展特征

我们将中国制造业出口到各个国家的三元边际进行加权，得到 2000 ~ 2017 年我国制造业出口的三元边际，结果如表 3 – 5 所示。结果显示，2000 ~ 2017 年扩展边际大于集约边际，说明产品种类的变动对于贸易份额的影响要大于产品出口总额（原有产品种类下）的变动。从绝对值来看：（1）贸易份额总体呈现波动下降的趋势，贸易份额从 0.3224 下降到 0.1951，年均增长率为 – 2.91%，说明我国制造业出口到 OECD 成员方的贸易额占世界出口到该区贸易额的比例存在一定程度下降。（2）扩展边际呈现波动下降的趋势，扩展边际从 0.8481 下降到 0.5285，年均增长率为 -2.74%，即 2000 年我国出口到 OECD 成员方的产品种类占据了 OECD 成员方进口产品种类的 84.81%，而到了 2017 年这个比例只有52.85%，说明我国出口到目的国的制造业产品种类在波动性地减少。（3）价格边际呈现略微上升的态势，价格边际从 0.9933 上升到 1.0213，年均增长率为 0.16%。这个指标表示我国出口产品的平均价格与世界出口到同一目的国产品的平均价格水平的相对大小，说明 2000~2017 年我国制造业出口产品的价格相对于世界平均水平在平缓上升。（4）数量边际呈现波动下降的态势，数量边际从 0.3827 下降到 0.3616，年均增长率为 -0.33%。说明在固定的产品种类下，我国制造业出口产品的数量也在波动下降。值得关注的是，2008~2009 年金融危机的冲击下，贸易份额、扩展边际和数量边际都反常态地呈现上升态势，而价格边际却呈现下滑状态。究其原因，OECD 成员方是受到金融危机波及最大的群体，而我国受到的负面冲击较小，保持了相对正常的制造业生产，可能一时取代了世界各国的贸易份额，符合现实情况。

表 3-5　　　　　　中国制造业总出口的三元边际分解结果

年份	贸易份额	扩展边际	集约边际	价格边际	数量边际
2000	0.3224	0.8481	0.3802	0.9933	0.3827
2001	0.3472	0.8461	0.4104	0.9886	0.4151
2002	0.3846	0.8677	0.4432	0.9757	0.4542
2003	0.4164	0.8650	0.4814	0.9736	0.4944
2004	0.2734	0.6764	0.4042	0.9817	0.4117
2005	0.2481	0.5972	0.4154	0.9843	0.4220
2006	0.2023	0.5315	0.3807	0.9888	0.3850
2007	0.1448	0.4823	0.3002	0.9703	0.3094
2008	0.1354	0.5147	0.2631	1.0161	0.2589
2009	0.2419	0.6030	0.4012	0.9905	0.4050
2010	0.1924	0.5527	0.3482	0.9904	0.3516
2011	0.1533	0.5079	0.3019	0.9949	0.3034

年份	贸易份额	扩展边际	集约边际	价格边际	数量边际
2012	0.1548	0.5062	0.3058	1.0040	0.3046
2013	0.1535	0.4989	0.3076	0.9926	0.3099
2014	0.1410	0.4764	0.2959	0.9829	0.3010
2015	0.1644	0.4852	0.3388	1.0063	0.3367
2016	0.1691	0.4948	0.3418	1.0078	0.3392
2017	0.1951	0.5285	0.3693	1.0213	0.3616
年均增长率（%）	-2.91	-2.74	-0.17	0.16	-0.33
贡献率（%）	100	94.16	—	-5.5	11.34

资料来源：根据 CEPII - BACI 数据库自行计算。

通过计算发现，扩展边际（出口产品种类）对于贸易份额的下降的贡献率较大，为94.16%，数量边际的贡献率较小为11.34%，而价格边际对贸易份额的贡献为反向（-5.5%）。由此可见，2000～2017年中国制造业出口产品种类的下降是贸易份额降低的主要推动力，而出口产品平均价格的抬升在一定程度上抑制了贸易份额的缩减。结合价格边际的绝对值来看，2015～2017年连续三年边际价格都大于1，即我国出口产品平均价格大于世界平均价格水平，说明中国制造业出口产品在世界范围内具有一定的价格优势。出口产品价格的逐步提升也说明我国制造业出口产品质量不断升级，产品竞争力也在不断增强。总体而言，扩展边际对于贸易份额下降的影响最大，其次是数量边际，价格边际反而能在一定程度上抑制贸易份额的下降。

2. 轻工业制品出口的三元边际分析

表3-6显示了中国轻工业制品出口的三元边际分解结果，我们发现与制造业总体出口的特征有所不同。就贸易份额而言，中国轻工业制品出口的份额比总体制造业出口的份额占比要高，不过总体上也呈现出衰减的趋势。就扩展边际而言，2000～2010年的出口扩展边际较大，基本都处于80%以上，这说明此期间我国出口到OECD成员方的产品种类跟世界出口到此的种类重合程度较高，后续年份这一比重有所下降。就集

约边际而言，轻工业制品的水平也比总体制造业的水平要高出许多，并且还有总体向上的发展趋势。这说明在轻工业制品领域，我国在固定产品种类上的出口规模占世界出口规模的比重也是相对较高的，并且还有不断抬升的趋势。具体到价格边际和数量边际，价格边际的比重有下降之势，而数量边际有上升之势，说明轻工业制品出口的价格与世界平均水平相比优势在减弱，但是出口数量较世界而言，却有着更多的竞争优势。此结果符合实际，因为轻工业制品多是劳动密集型产业，也是我国加工制造环节的最主要的承接对象，虽然依靠"数量取胜、低价竞争"策略占领国际市场，却始终处于生产高消耗、高污染和产品低附加值的困境，是价值链"低端锁定"的主要受制对象。

表3-6　　　　中国轻工业制品出口的三元边际分解结果

年份	贸易份额	扩展边际	集约边际	价格边际	数量边际
2000	0.5782	0.9673	0.6704	1.0238	0.6549
2001	0.5876	0.9705	0.6694	1.0384	0.6446
2002	0.6148	0.9766	0.6854	1.0230	0.6700
2003	0.6635	0.9820	0.7089	1.0265	0.6906
2004	0.6797	0.9860	0.7110	1.0058	0.7069
2005	0.7172	0.9916	0.7425	0.9997	0.7427
2006	0.6558	0.9530	0.7289	1.0100	0.7217
2007	0.3549	0.6687	0.6788	0.9992	0.6794
2008	0.3088	0.5488	0.7180	0.9933	0.7229
2009	0.7540	0.9684	0.7716	1.0366	0.7443
2010	0.6210	0.8421	0.7419	1.0003	0.7416
2011	0.3569	0.4794	0.7667	0.9870	0.7768
2012	0.3964	0.4489	0.8038	1.0026	0.8017
2013	0.3692	0.3806	0.8177	0.9990	0.8185
2014	0.2886	0.2811	0.8378	0.9866	0.8492
2015	0.2936	0.2733	0.8528	0.9910	0.8605
2016	0.2563	0.2449	0.8419	0.9760	0.8626
2017	0.4302	0.4842	0.7588	0.9866	0.7691

资料来源：根据CEPII - BACI数据库自行计算。

3. 中国对主要贸易国出口的三元边际特征分析

本节选取中国的主要贸易伙伴国美国、日本、德国和澳大利亚作为
出口目的国来进行分析，将制造业出口贸易份额变动分解为三元边际，
结果如图 3 - 9 所示。就贸易份额而言，中国出口到日本（平均值 0.49）
和澳大利亚（平均值 0.55）比出口到美国（平均值 0.16）和德国（平均
值 0.13）的贸易份额要高得多，说明日本和澳大利亚对中国制造业出口
贸易的依赖度要强于美国和德国。此外，2000 ~ 2017 年，我国制造业出
口到四个国家的贸易份额都在减少，美国、日本、德国、澳大利亚的年
均增长率分别为 - 3.32%、- 3.47%、- 4.65% 和 - 0.65%，这说明随着
全球一体化进程的加快以及生产碎片化的影响，我国制造业出口到各国
的贸易份额占世界出口到该国的比例不断缩减，竞争压力在不断加大。

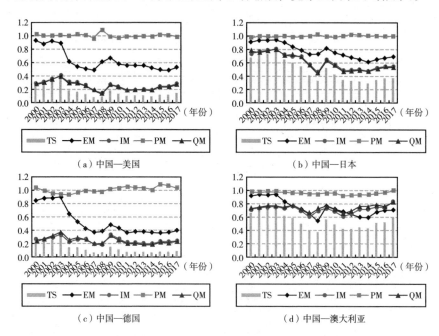

图 3 - 9 2000 ~ 2017 年中国对主要贸易国出口份额的三元边际分解

注：TS 指贸易份额，EM 为扩展边际，IM 为集约边际，PM 为价格边际，QM 为数量边际；
横轴表示年份，纵轴表示投入服务化水平。

资料来源：根据 CEPII - BACI 数据库自行计算。

2000~2017 年，中国对主要贸易国出口份额的年均增长率和边际贡献率计算结果如表 3－7 所示。对于出口美国而言，扩展边际（出口产品种类减少）对于贸易份额下降的贡献最大（贡献率为 99.26%），出口价格对于贸易份额下降的贡献率较小为 4.81%，固定类别下出口产品数量的增加抑制了贸易份额的下降（贡献率为 -4.06%）；对于出口日本而言，数量边际对于贸易份额下降的推动作用最大（贡献率为 58.67%），扩展边际对于贸易份额下降的贡献率较小（46.49%），而价格边际的上升抑制了贸易份额的下降（贡献率为 -4.37%）；对于出口德国而言，其贸易份额下降主要归咎于扩展边际（产品种类）的下降（贡献率为 92.25%）和出口产品数量的下降（贡献率为 8.71%）；对于出口澳大利亚而言，其贸易份额的下降完全归咎于扩展边际（产品种类）的下降（贡献率为 230.06%），出口产品价格和数量对于贸易份额下降的作用为负，抑制了贸易份额的下降，贡献率分别达到 -15.39% 和 -116.54%。

表 3－7 2000~2017 年中国对主要贸易国出口份额的
年均增长率和边际贡献率 单位：%

指标	中国—美国		中国—日本		中国—德国		中国—澳大利亚	
	r	g	r	g	r	g	r	g
贸易份额	-3.32	100	-3.47	100	-4.65	100	-0.65	100
扩展边际	-3.30	99.26	-1.61	46.49	-4.29	92.25	-1.50	230.06
价格边际	-0.16	4.81	0.15	-4.37	0.03	-0.62	0.10	-15.39
数量边际	0.13	-4.06	-2.04	58.67	-0.40	8.71	0.76	-116.54

注：r 为年均增长率，g 为贡献率。

资料来源：根据 CEPII－BACI 数据库自行计算。

3.3 中国制造业出口产品质量的典型特征分析

3.3.1 出口产品质量的测算方法

本书参考施炳展（2014）的做法来构建质量测算模型，所需数据需要具备企业、年份、产品、出口目的国四个维度，对于海关数据中八分位编码下的某一 HS 产品代码而言，在 t 年企业 f 对 m 国出口产品 g 的数量可表示为：

$$q_{tfmg} = p_{tfmg}^{-\sigma} \lambda_{tfmg}^{\sigma-1} \frac{E_{mt}}{P_{mt}} \tag{3-23}$$

两边取自然对数，可得：

$$\ln q_{tfmg} = \chi_{mt} - \sigma \ln p_{tfmg} + \varepsilon_{tfmg} \tag{3-24}$$

其中，$\chi_{mt} = \ln E_{mt} - \ln P_{mt}$，为时间—出口目的地的虚拟变量，是随时间或者出口国变动的变量；$\ln p_{tfmg}$ 表示在 t 年企业 f 对 m 国出口产品 g 的价格；$\varepsilon_{tfmg} = (\sigma-1) \ln \lambda_{tfmg}$ 是残差项，包含了在 t 年企业 f 对 m 国出口产品 g 的质量。为了克服产品价格和质量之间的内生性所导致的偏误，我们选取企业 f 对其他国家（除了 m 国）出口产品 g 的平均价格作为对 m 国出口同种产品价格的工具变量，对于式（3-24）进行 2SLS 估计。式（3-24）是对某一产品 HS 编码进行的回归，即回归是在产品层面进行的，即控制了产品特征。产品质量定义如下：

$$quality_{tfmg} = \ln \lambda_{tfmg} = \frac{\widehat{\varepsilon_{tfmg}}}{(1-\sigma)} = \frac{\ln q_{tfmg} - \ln \widehat{q}_{tfmg}}{(1-\sigma)} \tag{3-25}$$

由于研究需要，我们需要对式（3-25）进行标准化处理，从而获得每种 HS 产品的标准化质量：

$$s\_quality_{tfmg} = \frac{quality_{tfmg} - minquality_{tfmg}}{maxquality_{tfmg} - minquality_{tfmg}} \tag{3-26}$$

式（3-26）是标准化指标，没有单位，取值位于 [0, 1] 区间。max 和 min 分别表示某一 HS 代码产品在所有年份、所有企业、所有出口目的国的最大值和最小值。如此，我们可以在任意层面进行加总，从而进行跨期或跨行业的各种比较。总体指标可以用下式表示：

$$TQ = \sum_{\pi} \left(\frac{v_{tfmg}}{\sum_{\pi} v_{tfmg}} \times s\_quality_{tfmg} \right) \tag{3-27}$$

其中，TQ 代表对应样本集合 π 的整体质量；π 代表某一类别的样本集合，如高技术企业的产品质量；v_{tfmg} 代表样本价值量。

3.3.2　典型特征事实分析

如图 3 - 10 所示，按照出口额所占比重对出口产品的质量进行加权，计算得出 2007 ~ 2013 年中国制造业的总体出口产品质量。结果显示，2007 ~ 2013 年我国制造业出口产品的整体质量水平分别为 0.7931、0.7715、0.7257、0.7646、0.7857、0.7329 和 0.7335，呈现出"降—升—降"的趋势。2007 ~ 2009 年产品质量的连续下滑可能是由于 2008 年金融危机给企业带来的融资约束困境，或者是国内企业暂时处于卖方市场进而产生的投机行为。在随后的 2009 ~ 2011 年，全球经济得以不断恢复，产品出口的竞争程度不断加强，产品质量也得以不断提升。

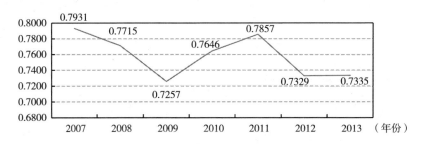

图 3 - 10　2007 ~ 2013 年中国制造业出口产品质量
资料来源：根据中国海关数据库自行计算。

按照不同的类别进行划分，得到相应的产品质量水平如图 3 - 11 所示。按照企业性质来看，外资企业出口的产品质量有较大优势，这可能是由于外资企业引进先进的技术和管理模式而产生的技术外溢所导致的。国有企业的产品质量高于私营企业，因为国有企业对于产品质量有较规范的生产标准和管理体制，而私营企业可能由于缺乏监管更容易生产出低劣的产品。按照行业技术含量划分，高技术行业出口产品质量高于中技术行业，中技术行业又高于低技术行业，这是由于高技术行业包含更多的高级生产要素，其生产工艺、管理流程和技术标准都比较高，导致其价格加成能力更强，产品质量更高。按照贸易方式划分，以加工贸易方式出口的产品质量高于一般贸易，这是由于加工贸易的中间产品来自国外，国内企业可以通过技术外溢效应或者模仿创新等方式改进自身的工艺流程，不断提升自己的产品质量。按照出口来源地划分，2008~2010年中部地区出口产品质量较东、西部地区有优势，2010~2013年东部地区产品质量最高，而西部地区慢慢超过中部地区，具备了一定的赶超优势。

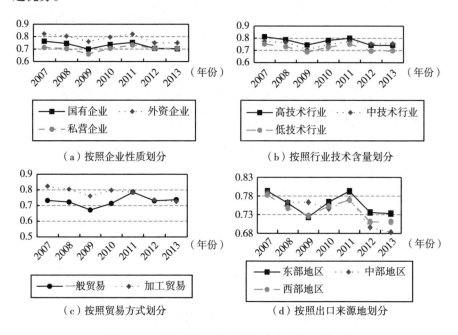

（a）按照企业性质划分　　　　　　　（b）按照行业技术含量划分

（c）按照贸易方式划分　　　　　　　（d）按照出口来源地划分

图3-11　按照不同企业性质划分的出口产品质量

注：横轴表示年份，纵轴表示出口产品质量。

资料来源：根据中国海关数据库自行计算。

3.4　中国制造业出口国内增加值率的典型特征分析

3.4.1　出口国内增加值率的测算方法

出口国内增加值是指国外最终需求所拉动的本国增加值，国内增加值在出口总额中所占的比率即为出口国内增加值率。本书基于王直等（2015）提出的双边贸易流分解框架，进一步计算得出各个国家—部门的出口国内增加值（DVA）。因为各部门在出口过程中通过后向带动本国部门所创造的被国外吸收的国内增加值份额（包括直接增加值出口和间接增加值出口）能够真正地体现一国的贸易利益和优势。因此，本书对于DVA 的测算是基于后向关联的视角，在将中间贸易品流量进行完全分解的基础上，根据出口品的价值来源和最终吸收地将总出口分解为 16 个增加值和重复计算的部分，具体分解情况如图 3 - 12 所示。

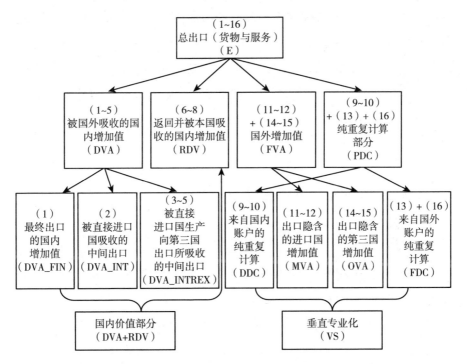

图 3 - 12 总出口贸易的基本分解框架

注：E 适用于任何层级的总贸易统计数据，包括国家/部门层面、国家汇总层面、双边/部门层面和双边汇总层面。

资料来源：王直，魏尚进，祝坤福. 总贸易核算法：官方贸易统计与全球价值链的度量［J］. 中国社会科学，2015（9）：116。

由此可见，一国总出口中最终被国外吸收的国内增加值部分（DVA）可以通过分解框架 16 项的前 5 项加总得到，计算公式为：

$$DVA^{sr} = DVA\_FIN + DVA\_INT + DVA\_INTrex \qquad (3-28)$$

式（3 - 28）等号右边，第 1 项 *DVA_FIN* 表示最终产品出口中包含的国内增加值；第 2 项 *DVA_INT* 表示中间产品出口中被直接进口国用来生产最终需求而吸收的国内增加值；第 3 项 *DVA_INTrex* 表示中间产品出口中，被直接进口国出口到第三国并被第三国生产国内最终需求而吸收的国内增加值。每一项的分解结果都是一个 $GN \times GN \times G$ 的三维矩阵，第一维 *GN* 是具体创造增加值的国家和行业，第二维 *GN* 表示出口国和行业，第三维 *G* 表示出口目的国。将第一维和第三维数据加总，可以精确地测算出基于后向关联的各个国家—部门的增加值出口。因此，出口国内增加值率的计算公式为：

$$DVAR = DVA/EXP（EXP \text{ 表示部门出口总额}） \qquad (3-29)$$

国内增加值（*DVA*）计算的数据来源，是在对外经济贸易大学全球价值链研究院所构建的 UIBE GVC Indicators 数据库基础上进一步加工计算得到。

3.4.2 典型特征事实分析

如图 3 – 13 所示，按照行业增加值所占比重对出口国内增加值率进行加权，得出 2000 ~ 2014 年中国制造业出口国内增加值率的发展趋势。结果显示，2000 ~ 2014 年中国制造业 *EDVAR* 呈现"W"型的发展态势，2000 ~ 2004 年呈下降态势，2001 年达到 *EDVAR* 的最大值（0. 81）；2004 ~

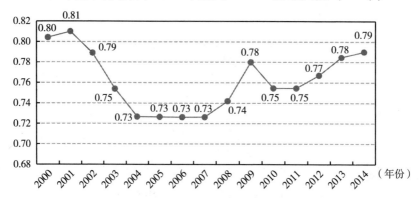

图 3 – 13   2000 ~ 2014 年中国制造业出口国内增加值率的时间趋势
资料来源：根据 WIOD 数据库自行计算。

2007 年，中国制造业的 *EDVAR* 呈现比较平稳的发展态势，基本处于
0.73；2007～2009 年，*EDVAR* 又呈现上升态势，说明我国从国际贸易中
获得越来越多的利益份额，这可能是由于我国受金融危机冲击较小，出
口企业没有受到严重波及，反而在危机中凸显了较强的出口竞争力；
2010～2014 年，*EDVAR* 总体呈现上升的发展趋势。

如图 3-14 所示，食品饮料和烟草制品（C10～C12）出口国内增加
值率最高，而计算机、电子和光学设备（C26）的出口国内增加值率最
低。这可能是由于食品饮料和烟草制品属于低技术劳动密集型部门，而
国内具有劳动力禀赋优势，其生产要素投入基本上都来自国内，出口产
品中较少涉及国外附加值投入；计算机、电子和光学设备属于资本、技
术密集型行业，而我国自主研发能力还在蓄势之中，关键设备及核心零
部件仍依赖于进口，导致其国外附加值含量较高，出口内涵的国内增加
值比重相对较低。2014 年，我国制造业的出口国内增加值率已达到 79%，
高于美国（73.6%）和日本（72.4%），[①] 说明在不断融入全球生产分工
体系之后，我国制造业出口中所包含的直接和间接增加值出口已处于相
对较高水平，但是其中占据比重较大的可能是低技能的劳动要素投入。

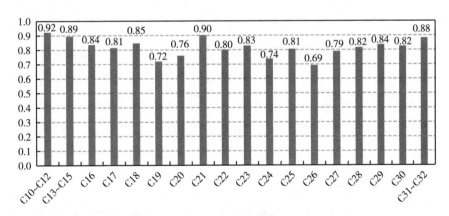

图 3-14　2014 年制造业分部门出口国内增加值率的发展状况
资料来源：根据 WIOD 数据库自行计算。

---

① 作者根据 WIOD 数据库自行计算。

第 4 章

制造业投入服务化出口效应的
理论分析

从微观层面上来讲，制造业投入服务化的出口效应主要是通过作用于企业而形成的。现有研究的观点较为一致，通常认为生产性服务业是通过作用于制造企业进而提升其生产率，而后再间接影响企业的出口行为或贸易利益。拉和沃尔夫（Raa & Wolff, 2001）认为服务作为中间投入要素能够提升制造业部门的生产率；拉什米和比什瓦纳特（Rashmi & Bishwanath, 2007）对印度制造业进行研究，发现服务业作为中间产品投入制造业能够促进企业的生产率提升。冯泰文（2009）认为生产性服务业的发展可以通过降低交易成本和生产成本，进而提高制造业的生产率。西格尔和格里利切斯（Siege & Griliches, 1992）研究发现外购服务使用的增加与制造业的全要素生产率之间呈现弱相关的关系；汉森（Hansen, 1990）认为生产性服务业的发展促使企业选择服务外包来购买服务而非自行生产，提高了企业生产的专业化水平，减少了生产风险，有利于提升企业的生产率。

4.1 制造业投入服务化对企业生产率的作用机制分析

4.1.1 理论模型：生产性服务投入与企业生产率

在以太（1982）和白清（2015）的模型基础上分析生产性服务投入

与制造业生产效率的关系。假定在完全竞争的条件下，制造业生产的投入要素包括劳动力和生产性服务业。依据迪克西特和斯蒂格利茨（Dixit & Stiglitz，1977）的做法，假定生产性服务业在垄断竞争条件下进行生产，制造业的生产函数符合规模报酬不变的条件，其生产函数为：

$$F = AL^\gamma \left[\int_0^n Z(i)^{(\sigma-1)/\sigma} \mathrm{d}i \right]^{(1-\gamma)\sigma/\sigma-1} \tag{4-1}$$

其中，$\sigma > 1$，为生产性服务业的替代弹性；$\gamma < 1$，γ 为劳动力投入成本占制造业总成本的比例；$A \equiv [\gamma/(1-\gamma)]^{(1-\gamma)} + [(1-\gamma)/\gamma]^\gamma$；$Z$ 为生产性服务的投入总量；n 为生产性服务业的投入集合；由于所有生产性服务业是对称的，其平均生产率可以记为 $n^{1/(\sigma-1)}$。由此可见，随着生产性服务业数量 n 的增加，规模收益递增，即中间投入品的平均生产率是服务投入数量的递增函数。

与生产函数相关的单位成本函数如下：

$$C^u(w,P) = w^\gamma P^{(1-\gamma)} \tag{4-2}$$

其中，w 为劳动成本；P 为生产性服务价格指数；将每一种生产性服务投入代入式（4-2），生产性服务价格指数表示如下：

$$P(n,P_Z) = n^{1/(\sigma-1)} P_Z \tag{4-3}$$

其中，P_Z 为生产性服务投入的价格，结合成本函数，得出如下关系式：

$$\frac{\alpha P(n,P_Z)}{\alpha n} < 0 \overset{yields}{\Longrightarrow} \frac{\alpha C^u[w,P(n,P_Z)]}{\alpha n} < 0 \tag{4-4}$$

由式（4-4）可得，投入制造业的生产性服务规模越大，生产性服务的单位成本越小。随着生产性服务的投入数量（或种类）增多，平均成本在降低，制造业的生产成本也相应降低。生产性服务业的规模报酬递增效应，导致随着生产性服务投入数量的增加，给定制造业产出水平的投入成本也在降低。假设制造业的生产是在完全竞争条件下进行的，那么制造业的均衡价格可以降至平均成本的水平。

我们可以用图 4-1 来描述生产性服务投入对于制造业规模收益增长的影响效应。随着生产性服务业投入数量 Z 的不断提高，价格指数 P 降低，等成本曲线向右旋转，从 AB 移动到 AB'，而与其相切的等产量曲线

从 Q 上升到 Q'，实现了同等投入条件下的制造业产出量的增加。

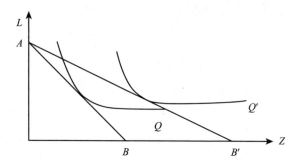

图 4 – 1　生产性服务业投入对制造业规模收益的增长效应

需要注意的是，制造业单价成本随着生产性服务投入数量的增加而降低，而增加到何种程度会降低制造业成本取决于生产性服务业替代弹性 σ 和生产性服务业成本占制造业总成本的比重（$1-\gamma$）。生产性服务业带来的规模报酬递增与替代弹性 σ 负相关，与服务业投入成本占比正相关。当生产性服务业之间的替代弹性较大（σ 较大），即生产性服务业之间的相似性较强时，生产性服务业数量增加对制造业单位成本降低的影响较小；当生产性服务业投入成本占制造业总成本的比重较小时，生产性服务增加对于制造业单位成本降低的影响较小。

研究假说 4 – 1：随着生产性服务投入量的增加，服务业实现了规模报酬递增效应，生产性服务业的边际生产成本较低，相应降低了制造业的单位投入成本，能够在同等成本下为制造业带来更高的产量，提升了制造业的生产率。

4.1.2　服务化的一个典型模型：生产性服务的外部化

随着竞争的加剧和分工的不断深化，制造业所涉及的价值链环节不断地从企业内部分离出来（包括加工制造环节和服务环节），成为独立的企业。基于投入—产出关系，大量独立运行的生产性服务为下游企业提供专业化的服务产品，对于下游制造业而言这被称为生产性服务的外部化（生产性服务外包）。生产性服务从制造业中分离出来，源于以下两个经济动机：（1）规模报酬递增依赖于劳动分工的深化，分工深化带来的迂回生产的正外部经济性可以提升企业的生产效率；（2）当制造企业的诉求能够以更低的价格从外部市场上获得时，企业势必选择从外部市场上购买。

借鉴刘明宇等（2010）的研究成果，生产性服务的外部化分为两种情形：一种是价值链中基本价值活动的外包。由于价值链各环节的规模经济水平不同，为了实现某些环节潜在的规模经济效应，有些环节需要从基本生产活动中脱离出来。另一种是支持性价值活动的外包。这部分生产性服务的外部化是为了充分实现分工带来的专业化经济效果，包括生产性服务与制造业的分离和生产性服务自身的专业化分工深化。

1. 为了实现潜在规模经济效应的服务外部化

不同价值链环节的规模经济水平各不相同，整体上生产决策的最优化并不能保证每个价值链环节的最优化，可能使得一些环节潜在的规模经济潜力得不到充分发挥，由此产生了生产性服务外部化的经济动因。

假定一个企业内部存在两个价值链环节，用部门1（服务业）和部门2（制造业）代表，部门1是部门2的价值链上游环节，并且部门1作为中间投入要素为部门2提供生产性服务。又假设部门1和部门2的产品按照1∶1的配比进行生产，即可以用相同的产出单位衡量部门1和2。

借鉴夏伊（Shy，1995）的成本函数设定，假设生产企业每个部门的成本函数都是非线性的。那么，部门1的成本函数记为 $TC_1(q) = F_1 + C_1 q^2$，部门2的生产函数记为 $TC_2(q) = F_2 + C_2 q^2$。企业的总成本为：

$$TC(q) = TC_1(q) + TC_2(q) = (F_1 + F_2) + (C_1 + C_2)q^2 \quad (4-5)$$

$$AC(q) = \frac{F_1 + F_2}{q} + (C_1 + C_2)q \quad (4-6)$$

$$MC(q) = 2(C_1 + C_2)q \quad (4-7)$$

假定市场是完全竞争的，并且交易费用为0，那么达到均衡状态时，企业在平均成本最小处进行生产，此时：$MC(q) = AC(q)$。企业的产出水平为：

$$q^m = \sqrt{\frac{F_1 + F_2}{C_1 + C_2}} \qquad (4-8)$$

此时，产品的平均成本为：

$$AC^m = 2\sqrt{(F_1 + F_2)}\sqrt{C_1 + C_2} \qquad (4-9)$$

同理，部门 1 的平均成本最小化的条件为：

$$q_1^m = \sqrt{\frac{F_1}{C_1}} \qquad (4-10)$$

部门 1 的平均成本为：

$$AC_1^m = 2\sqrt{F_1 C_1} \qquad (4-11)$$

部门 2 的平均成本最小化的条件为：

$$q_2^m = \sqrt{\frac{F_2}{C_2}} \qquad (4-12)$$

此时，部门 2 的平均成本为：

$$AC_2^m = 2\sqrt{F_2 C_2} \qquad (4-13)$$

外部化主要是为了更好地实现规模经济，即

$$AC_1^m + AC_2^m < AC^m \qquad (4-14)$$

此时，

$$2\sqrt{F_1 C_1} + 2\sqrt{F_2 C_2} < 2\sqrt{(F_1 + F_2)}\sqrt{C_1 + C_2} \qquad (4-15)$$

整理可得：

$$\left(\sqrt{F_1 C_2} - \sqrt{F_2 C_1}\right)^2 > 0 \qquad (4-16)$$

即只要 $\dfrac{F_1}{C_1} \neq \dfrac{F_2}{C_2}$，式（4-16）即可满足。由于 q^m 既不是生产性服务的最优均衡产量，也不是制造业产品的最优均衡产量，企业需要根据不同价值链环节的特点重新进行生产组织，而不是简单按照企业总体的平均成本曲线来组织生产。

（1）当 $q_1^m < q_2^m$，即 $\dfrac{F_1}{C_1} < \dfrac{F_2}{C_2}$。企业按照 q_2^m 的量进行生产，对于 $q_2^m - q_1^m$ 的缺口部门，通过外购服务获得，产品平均成本为 $2\sqrt{F_1 C_1} + 2\sqrt{F_2 C_2}$。

（2）当 $q_1^m > q_2^m$，即 $\dfrac{F_1}{C_1} > \dfrac{F_2}{C_2}$。此时，生产性服务部门 1 有动力从原有制造业价值链中分离出来，实现潜在的规模经济。由于部门 1 已经全部分离出去，部门 2 需要从市场外购全部的服务完成产品的生产，外购的服务需求为 q_2^m。两个部门都实现了规模经济，此时产品平均成本为 $2\sqrt{F_1 C_1} + 2\sqrt{F_2 C_2}$。

如图 4-2 所示，AC 为制造业服务内部化时的平均成本曲线；AC_1 和 AC_2 为部门 1 和部门 2 单独的平均成本曲线；AC_0 为服务外包情况下的平均成本曲线，AC_0 比 AC_1 最低点处于更低的位置，表示产品生产更具有竞争力。由图 4-2 可知，总体来看，制造业在服务外包情况下面临着单位生产成本小于服务内部化的情况。

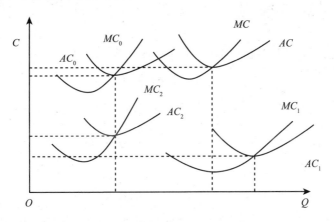

图 4-2　制造业服务外部化的平均成本曲线

研究假说 4-2： 如果价值链活动进行分离可以使得各个环节都达到规模经济的状态，那么将一部分价值链活动进行外包，各自都能发挥最优的规模经济效应，可以使整个价值链更具有效率，生产率也会相应提高。

2. 为了实现专业化经济的服务外部化

制造业领域参与专业化分工一方面可以节约专业化技能学习的时间，另一方面还可以通过"干中学"效应提升规模经济报酬。因此，越来越多的专业化服务从制造业的价值链中分离出来，作为独立的外部服务供应商为制造企业提供服务。

在贝克尔和墨菲（Becker & Murphy，1992）的模型基础上分析制造企业进行专业化服务外包的经济效应。假设一个企业完成一项任务 s 的时间为 $T(s)$，可以分为两个部分，为了专业化生产的时间 $T_w(s)$ 和专门学习专业化技能的时间 $T_h(s)$，$T(s) = T_w(s) + T_h(s)$。小时生产率为 $E(s) = dH^\gamma [T_h(s)]^\theta$，$\theta$ 代表 $T_h(s)$ 的边际生产率。$\gamma > 0$，说明通用知识（H）能够提升投资在技能学习上的时间的生产效率。那么，有限的时间如何在专业化生产和学习专业技术之间进行分配才可以提升最大的产出量成为问题的关键。假设企业的总劳动时间中有比例 φ 用于生产活动，即 $T_w(s) = \varphi T(s)$，那么 $T_h(s) = (1 - \varphi)T(s)$ 用于专门提高生产效率。

由此，我们推导出这项任务的生产函数为：

$$Y(s) = E(s)T_w(s) = A(\theta)H^\gamma \varphi (1 - \varphi)^\theta T(s)^{1+\theta} \qquad (4-17)$$

其中，$A(\theta)$ 为技术进步因子，$A(\theta) = d\theta^\theta (1 + \theta)^{-(1+\theta)}$。则企业实现最大产出量的时间分配比例为：$\varphi^m = \dfrac{1}{1 + \theta}$，最大产出量为：

$$Y^m = A(\theta)H^\gamma T(s)^{1+\theta} \frac{\theta^\theta}{(1 + \theta)^{1+\theta}} \qquad (4-18)$$

假设交易费用为零，专业化技能可以通过服务外包从外界购得。那么，企业可以把全部时间用来生产产品，此时 $T_w(s) = T(s)$。因此，外购专业化的生产性服务可以使得企业的产出增加：

$$\Delta Y = A(\theta)H^\gamma T(s)^{1+\theta} \left[1 - \frac{\theta^\theta}{(1 + \theta)^{1+\theta}} \right] \qquad (4-19)$$

生产性服务企业需要投入高端人力资本以及获取专业化的技能，因为企业必须先进行专业技能的学习或者相关的研发投入，这构成企业的固定成本。生产性服务企业的平均成本在一定范围内随着 Y_i 的增大而下降，这是知识密集型生产性服务的特点。根据克鲁格曼（Krugman，1979）提出的劳动需求函数，生产性服务企业的劳动需求函数为：$L_i = \partial + \beta Y_i$，假

设工资率用 ω 表示，那么生产性服务企业的成本函数为：$C_i = \partial\omega + \beta\omega Y_i$。

假设 1 单位产出需要投入 1 单位生产性服务，最终产品的销售价格为 P。那么，在不考虑交易成本的情况下，生产性服务实现外包的条件如下：

$$\Delta YP > C_i \qquad\qquad (4-20)$$

$$P\left[1 - \frac{\theta^\theta}{(1+\theta)^{1+\theta}}\right] - \beta\omega > \frac{\alpha\omega}{A(\theta)H'T(s)^{1+\theta}} \qquad (4-21)$$

$$P\left[1 - \frac{\theta^\theta}{(1+\theta)^{1+\theta}}\right] > \beta\omega \qquad\qquad (4-22)$$

说明在交易费用为零的情况下，服务外包发生的前提条件是生产性服务外包所带来的价值增值大于生产性服务的生产成本。

研究假说 4-3：由于存在规模报酬递增效应，知识密集型生产性服务外包规模越大，服务供给的成本越小。那么，制造企业外购专业化服务的成本也相应降低，也更有动力从外部市场购买专业化服务，进一步提高自身的生产率。

4.1.3 基于服务投入异质性的作用机制分析

1. 运输服务化

大规模的交通设施能够为经济的发展提供坚实的基础，能够提升企业的生产效率，已经成为一个被普遍接受的共识（李涵和黎志刚，2009）。阿罗和库尔兹（Arrow & Kurz, 1970）也证实了交通运输作为一项中间服务投入要素，对于企业的投资回报率具有重要的提升作用。加尼等（Ghani et al., 2016）研究了印度的黄金高速公路对制造业生产效率的影响，发现高速公路显著地提升了道路沿线企业的配置效率。贾俊雪（2017）通过数值模拟发现公共基础设施的投资与企业全要素生产率之间呈现倒"U"型关系。从微观层面来说，快捷的交通基础设施可以通过减少库存水平来节约企业的成本进而提高企业的生产效率。雪莉和温斯顿（Shirley & Winston, 2004）研究结论认为高速公路的投资是通过企业减少库存压力而正向影响企业的利润率。制造业运输服务化有利于快速即时地调整生产要素，减少出口交货的时间成本，降低出口风险和不确定性，提高生产率和产品附加值（王永进等，2010）。刘秉镰和刘玉海（2011）认为交通基础设施通过降低制造企业的库存成本来促进经济增长。此外，便捷和稳定的交通运输体系可以使企业的供应链运转更加高效和便利。交通运输服务要素有利于调整企业内部的资源，减少交货的时间成本，促进上下游供销企业进行高效的协同合作（刘斌等，2016）。便捷的交通基础设施还可以有效整合区域内甚至全球范围内的先进创新资源，促进人才要素流动，提高企业科技竞争力。

2. 分销服务化

分销服务化主要发生于产品价值链的下游环节，是指通过增加在营销、品牌管理以及产品的延伸服务等环节的介入而实现的服务化。制造企业销售的是物品和附属的服务，注重产品的渠道管理、营销手段以及顾客的消费体验。通过专业人员进行分销渠道管理和营销策划管理，打造和树立企业的形象和产品的口碑，为产品提供持久稳定的销路。分销服务化一方面可以减少由于信息不对称而导致的生产盲目性，缩短厂商与顾客之间的距离；另一方面可以改变以产品为中心的生产模式，通过参与式研发和体验式营销，为顾客提供"产品＋服务"的完整的解决方案，能够满足顾客的个性化需求，最终能够锁定顾客，实现产品价值的增值。

3. 信息服务化

由于信息通信技术的发展，空间的阻碍对提供知识密集型服务的限制性大大减弱，服务产品在空间上实现了自由流动与分配。从某种程度上讲，信息技术发展导致的去物质化现象帮助企业创新网络摆脱了空间的限制。电子商务、"互联网＋"和两化融合是企业运营的新模式，能够促进信息技术的扩散和渗透并加速传统产业的改造升级（胡汉辉和邢华，2003）。黄群慧（2017）指出，移动互联网、云计算等现代信息技术服务的投入，使得制造企业能够有效监督自家设备的运营情况，把握个体用户的产品使用状态。宋华（2019）研究发现，与信息通信技术的高度融合，使供应链金融（立足于产业供应链）变得日益高效化和智慧化。信息化要素能加快制造业与新兴技术之间的互动融合，提升制造业部门间的信息共享和协同创新能力，进而构建企业创新交流的互联互通渠道。电信通讯服务要素能够有效连接生产端和需求端，有利于企业即时监控供应链的各个环节并且随时处理价值链上反馈的各种信息。

综上所述，制造业电信服务化的生产率效应可以从以下两个方面进行阐释：一是从企业本身的角度出发，通过工业化与信息化的融合，企业可以做到有效监管产、供、销各个环节的运作，提高企业的产出效率；二是从供应链的角度出发，供应链的信息化能够消除各节点企业的信息障碍，有利于企业间的信息共享和协同运作，进而可以提升供应链各个节点的运作效率。通过与高科技通信技术相结合有效赋能中小企业，提升中小企业的竞争力。

4. 金融服务化

从实践经验来看，定点定向的资金融通能够提高资金使用效率，缓解企业融资约束难题，为制造业企业的技术创新提供支持。保险服务要素能有效降低不可抗因素对制造业企业的冲击和影响，帮助企业应对更多的风险。作为中间服务投入的金融服务是制造企业技术创新的主要支持力量，不仅能够为技术创新企业提供大规模融资，还可以通过资本市场对企业创新投资者形成长效激励机制，从而保证企业创新活动得以稳定和持续地发展。在投资方面，众多金融和保险产品的发售为企业提供更多获取超额利润的可能性，无论用于购买先进设备还是引进高端人才都可以促进生产率水平的提升。

金融服务化的生产率效应可以从以下两个方面进行阐释：一是"蓄水池"功能，金融机构可以充分发挥其动员储蓄的功能，为企业发展提供强有力的金融支持，有效缓解企业的流动性约束，降低交易成本，提高企业的生产效率；二是促进企业创新，金融机构通过为技术创新和研发投入提供所需要的资金支持，促进技术创新行为的稳定化和持续化，能够提升企业的生产效率。金融服务要素投入还能够加大企业的价值链参与程度，能够提升企业的出口附加值。

4.2 制造业投入服务化对出口二元边际的作用机制分析

4.2.1 自选择效应

生产率和出口之间的关系一直是经济学家关注的重要问题，国内外学者都进行了广泛的理论和实证研究。自选择效应是指只有生产率较高的企业才会选择出口，而生产率较低的企业只能选择留在国内市场或者退出市场。梅利兹（2003）第一次从理论层面推导证明了企业的出口自选择效应假说，认为企业依据其生产率状况自选择成为出口企业。新新贸易理论认为，企业出口行为主要是由企业生产率所决定，出口企业的生产率普遍高于内销企业（Melitz，2003）。马林梅和张群群（2016）也得出相同的结论，即随着企业生产率的提高，企业越来越倾向于减少内销而增加出口；就出口的具体行为而言，企业倾向于降低间接出口而增加直接出口。因为企业出口存在高昂的出口固定成本，只有具备较高生产率并且是突破出口生产率临界点时，才能够克服出口固定成本的约束而选择进入海外市场，较低生产率的企业仅服务于国内市场，而更低生产率的企业则退出市场。实际上，克莱里德斯等（Clerides et al.，1998）早在1998年已经利用墨西哥、摩洛哥和哥伦比亚的企业面板数据进行了实证研究，并且先于梅利兹（2003）提出出口自选择效应假说，即生产率相对较高的企业倾向于进入出口市场。伯纳德和詹森（Bernard & Jensen，1999）对美国企业的研究也支持该假说。这种出口自选择效应可以较直观地解释生产率对于扩展边际（出口企业数、出口产品种类和出口目的国数）的潜在作用。首先，生产率较高的企业有更高的出口概率；其次，生产率较高的企业有较强的获利潜力来增添生产线，更有可能生产较多的产品类别参与到出口市场；最后，在不考虑质量因素的状况下，生产率较高的企业生产的边际成本较低，相应的产品价格也较低，在国际市场上具有较大的价格优势，所以有可能和更多的贸易伙伴合作（扩展边际）。

制造业投入服务化是通过提升企业的生产率进而促进企业的出口增长。本书从运输服务化和信息服务化角度来探讨服务化如何提升企业的生产率。从运输服务投入的角度来看，大规模的交通设施能够提升企业的生产效率，已经成为一个被普遍接受的共识（李涵和黎志刚，2009）。阿罗和库尔兹（1970）也证实了交通运输作为一项中间服务投入要素，对于企业的投资回报率具有重要的提升作用。企业的运输服务化有利于快速即时地调整生产要素，减少出口交货的时间成本，降低出口的风险和不确定性，提高生产率和产品附加值（王永进等，2010）。杰克斯等（Jacks et al.，2010）对一战前40年的贸易成本和出口数据研究后发现，科学技术进步等带来的贸易成本下降能够促进贸易增长，双边出口增长的40%都是由贸易成本下降所带来的。唐宜红等（2019）最早研究中国高铁对企业出口贸易的影响效应，发现由于高铁的开通，城市企业的出口规模提高了12.7%。从信息投入服务化的角度来看，由于信息通讯技术的发展，空间阻碍对提供知识密集型服务的限制大大减弱，服务产品在空间上实现了自由的流动与分配。通过工业化与信息化的融合，企业可以做到有效监管产、供、销各个环节的运作，可以提高企业的生产效率；另外，供应链的信息化还能够消除各节点企业的信息障碍，有利于企业间的信息共享和协同运作，进而可以提升各个节点的运作效率。

4.2.2 交易成本效应

交易成本是指要达成一笔交易所要花费的成本，即买卖过程中所花费的全部时间和货币成本，包括信息搜寻、广告、运输以及谈判、协商、签约、合约执行的监督等活动所花费的成本。大数据时代推进了服务化的进程，不但更新了信息获取方式，而且极大地降低了信息获取的成本。信息技术彻底改变了企业内、外部之间的互动方式，企业可以通过各种正式或非正式的途径加强与合作伙伴的互动和交流。通信技术的迅速发展极大地降低了商务沟通的成本，双方无须进行传统的面对面沟通，而是可以通过视频、电视、电话会议来沟通出口业务的全部事宜。从前期的合作意向、中期的定价谈判到后期的履约情况都可以进行全流程的远程线上沟通，大大地节约了时间和人力成本。此外，金融、法律和咨询等商务服务的快速发展，可以为企业提供一对一的专业化服务，也可以降低企业的信息搜寻成本和专业知识习得成本。

亚伯拉罕和泰勒（Abraham & Taylor，1993）认为制造业投入服务化主要是通过制造业的服务外包体现出来的，而服务外包现象源于交易成本的下降。服务化之所以能够通过提升生产效率，进而提升出口规模，究其原因主要在于服务化具有明显的成本效应（许和连等，2017）。对于企业而言，若企业选择将生产性服务进行外包，则企业可以专注于自身优势产品的生产，有利于实现资源的合理配置，在一定的沉没成本下实现最大的产能；若企业将服务化内置于企业之中，服务要素将发挥有效的协调功能，也可以节约企业的交易成本（吕政等，2006）。汉森等（2005）对于跨国公司垂直生产网络布局进行了实证研究，发现全流程的信息化管理能够降低企业内、外部的沟通成本，提升了企业的管理效率。此外，全球的生产性服务网络能够帮助制造企业根据市场的变化来调整技术开发、产品供应和管理流程，减少协调过程中的组织、管理与信息障碍，降低了企业的组织运行成本。由此可见，信息服务化所带来的一体化的生产经营管理方式，大大减少了企业内、外部的搜寻成本、沟通成本和协调成本，而交易成本的下降可以较大程度地提升企业出口贸易的频率与额度，进而促进企业出口规模的扩大。

4.3 制造业投入服务化对出口产品质量的作用机制分析

4.3.1 技术溢出效应

根据哈拉克和西瓦达桑（Hallak & Sivadasan，2008）提出的质量最优选择模型，我们发现产品质量最终是由生产率和生产能力来决定的。生产率和生产能力都跟企业的技术创新能力息息相关，由此我们需要分析服务要素的投入对于企业技术创新的作用机制。制造业中间投入要素中的服务，大多数是专业技术、管理技能和营销服务等知识密集型的商务服务业，具有较强的技术创新能力。商务服务业作为"创新之桥"，被认为是技术更新和进步的主要驱动力（Czarnitzki & Spielkamp，2003）。生产性服务对制造业生产能力的提升源自其在制造企业创新活动中的作用，包括知识、技能的创造和溢出两个方面（白清，2015），而溢出效应的大小取决于生产性服务部门内涵的技术含量和价值创造潜力。在现代制造业中，并非只有生产环节存在创新活动，许多创新活动来源于研发、营销和售后服务等其他环节，各个环节都是重要的创新源泉。制造企业本身很难从本质上解决创新能力不足的问题，而生产性服务业中的隐性和共性知识居多，会产生较大的技术外溢和扩散效应，能够提升制造企业的创新能力。技术创新具有前后向溢出效应，生产链上任何环节的企业出现了创新活动，必将对上下游企业产生前后向的波及效应，加深企业间从前期设计研发、中期生产运输到后期营销售后等一系列活动的互动合作。

此外，生产创新和服务创新具有链合创新的特点，这些创新活动分属于不同的环节，将这些创新活动链合在一起可以提高创新的效率（徐振鑫等，2016）。金晟（2018）从生态学共生理论视角出发，研究发现对于生产性服务业和制造业而言，实行合作创新比进行独立创新更加高效，协同创新使双方都能获益。同时，生产性服务投入还可以提高企业创新活动的集聚水平，从而形成创新网络，这样能够较好地缓解单个企业进行技术创新时所面临的掌控能力不足的困境，降低技术创新的不确定性和风险。生产性服务投入将强化制造企业各关联环节之间的知识溢出和扩散效应，将技术手段和成果传导至各生产环节，不断拓展技术创新的广度和深度，提升创新的能力和效率。因此，仅仅依靠企业内部的资源难以支撑持续高效的创新活动，必须通过依靠外部高端服务要素进行资源的有效整合，最终应用于企业创新和生产效率的提升。

4.3.2　链合反馈效应

产品质量的升级或性能的提升绝对离不开用户的体验和反馈信息，服务环节是制造企业和消费者之间进行信息传递和反馈的良好载体。因此，产品质量能够在企业与消费者之间的互动和反馈中得以提升。通过服务环节可以将消费者的偏好导入产品的设计、研发中，将消费者的诉求作为产品升级换代的导向和动力。实际上，消费者的设计理念和产品体验被公认是企业的一种缄默知识，具有十足的个性化特征，难以标准化和模块化，只有以向消费者提供的服务作为载体，才能逐渐转化为企业的生产能力。

从某种程度上讲，信息技术发展带来的去物质化现象，为产品的体验信息反馈渠道提供了更加快捷的通路。营销或售后服务环节是企业和消费者进行信息双向反馈的有效渠道，这个过程可以有效地提升产品的生产质量。由于企业信息化水平的不断提升，通过大数据分析可以随时获取产品的即时销售状况和用户体验信息，企业和顾客的沟通变得更加顺畅，知识和信息反馈的效率大大提升。怀特等（1999）研究发现，顾客接触、服务传递效应能够显著促进企业新产品开发，提高产品质量。

4.4 制造业投入服务化对出口贸易利益的作用机制分析

4.4.1 贸易成本效应

贸易成本是指为完成国家和地区之间的商品、劳务交换活动而需要支付的成本或费用。狭义的贸易成本主要指关税与运输成本，而广义的贸易成本包括：运输成本，即因距离而导致的运输成本、储存及时间成本；边境相关贸易成本，即关税与非关税贸易壁垒，以及语言、货币、信息收集等造成的成本；销售成本，即"境内"成本，指商品在进口国内因批发或零售环节而发生的成本（周茜，2019）。贸易成本又可分为固定贸易成本和可变贸易成本两部分。刘斌等（2016）认为制造业投入服务化能够降低企业出口的固定成本和可变成本，进而提高企业生产率。现存关于贸易福利的研究文献普遍认为贸易成本是影响一国贸易福利变化的主要因素。鲍德温和福斯利德（Baldwin & Forslid，2010）研究贸易自由化对企业绩效的影响，发现贸易成本的降低可以通过提高要素的回报率进而导致总福利上升。阿尔科拉基斯等（Arkolakis et al.，2012）认为可变贸易成本下降带来的福利水平上升的程度与本国产品的支出份额和进口的贸易成本弹性相关。埃德蒙等（Edmond et al.，2012）将价格加成作为内生影响因素之后发现，由贸易成本下降所引起的竞争程度的加剧也是贸易福利增长的重要原因。福尔摩斯等（Holmes et al.，2014）将贸易成本引起的价格加成变动进行分解之后发现，相对于价格变化，生产成本的变动是引起贸易福利变化的主要原因。

众所周知，获取贸易相关的信息，如港口通关的信息交流、供应商网络关系建立、营销网络构建信息等对整个贸易发挥着至关重要的作用。如今，通信技术的发展打破了服务提供在地域上的限制，使得价值链上的生产和服务环节在时间和空间上的分离成为可能，获取贸易信息的成本大大降低。另外，交通运输对贸易的阻碍效应也在不断弱化，低价高质的运输服务投入可以降低生产运输过程中的可变成本，提高产品质量，从而提高产品的出口竞争力。根据以往的研究结果，交通基础设施建设可以通过降低物流成本进而促进企业出口。高效的通信和运输服务降低了企业出口的风险和不确定性，减少了企业出口的固定成本（盛丹等，2011）。中国高铁的快速发展改变了地理距离所造成的时空约束，极大地促进了货物和人员的流动效率（唐宜红等，2019）。从产业链的角度看，运输服务化可以加深制造企业间工艺流程的分工协作，促进全球和区域性优势资源的有效整合，延伸企业价值链条的"生产步长"，增加企业出口增加值。

4.4.2 资源再配置效应

新新贸易理论认为，异质性企业的贸易福利除了来自传统的生产分工和交换、规模经济效应和产品多样化，还来自行业内和企业间的资源重新配置所带来的福利。除了研究异质性企业贸易福利的获取渠道，梅利兹还更新了贸易福利的测量方法。梅利兹和波兰内克（Melitz & Polanec，2015）认为，行业加权平均生产率变化的传统分解方法是有偏的，该方法忽略了市场份额再分配对行业平均生产率的影响。因此，他们将行业平均生产率的变动分解为四部分：幸存企业的生产率变化的影响、新企业进入和老企业退出对生产率的影响以及市场份额再分配对行业平均生产率的影响。贸易使行业内的有限资源更多地流向生产率更高、规模更大的企业，即会产生行业内的资源再配置效应，会导致行业总福利增加。尽管资源再配置效应使行业内企业数量减少了，但行业加权平均生产率和平均收入得到提升（周小琳等，2015）。

从微观企业层面来看，服务化战略是企业生产经营方式、业务范围和结构的重大改变，必然伴随着企业内部资源组合、组织架构等的相应调整，而最根本的变化是要素投入比例的相应改变（王思语和郑乐凯，2019）。从企业的生产函数来看，在预算约束和消费者需求特性的影响下，企业需要采取一种要素组合方式以求达到企业利润最大化的目的。在企业战略组合上，表现为制造资源与服务资源的冲突，也即制造能力与服务能力的矛盾。简而言之，制造企业可以将内部资源合理地划分为生产投入和服务投入两个部分，不同投入组合构成了不同的要素配置方式，而这会对企业的投入和产出（绩效）间的关系产生不同的影响（蔺雷和吴贵生，2009）。一般而言，我们认为制造企业中的服务投入会比生产投入获得更大的产品价值增值，是企业获得差异化竞争优势的有力手段。生产性服务投入使得制造企业生产过程中所投入的传统生产要素被技术和知识密集型的服务要素所替代，会引起投入要素结构的变动（胡昭玲等，2017），高端要素投入比例的上升可以进一步带动制造企业全要素生产率的提升。制造业投入服务化会将企业资源从低附加值的活动转移到高附加值的活动，能够提升企业的产品附加值。

从全球价值链的角度来看，企业会采取竞争优势策略来创造自身的核心竞争力，将有限的资源配置到具有竞争优势的生产活动中，将不具备相对优势的生产环节外包给有效率的外部供应商（Sharpe，1997）。当生产任务和管理信息可以在线即时传输，零部件和半成品可以实现低成本和快捷的位移，企业可以充分利用各国间的要素成本差异，把企业资源调配到成本最低的国家或地区，从专业化生产中获得最大利益。服务外包是制造业服务投入方式的一种典型模式，一方面缓解了企业全范围经营的工作负荷，减少企业的内部分工，致力于提升核心环节的工作效率；另一方面将服务进行外包可以将一部分风险转移给提供服务的企业，减少了经营风险。

第 5 章

制造业投入服务化对企业出口行为影响的实证分析：企业层面

　　制造业投入服务化对企业出口行为的影响可分为两个阶段：第一阶段是服务化对于企业出口决策（是否出口）的影响；第二阶段为服务化对于企业出口增长二元边际的影响。本书拓展了新新贸易理论的外延，认为企业投入较多的技术密集型的高端服务要素能够提升企业的生产率，即服务化战略能够提升企业生产率，进而间接作用于企业出口行为，能够提升企业出口的概率。李春顶（2015）认为由于进入出口市场需要支付更高的固定成本和贸易成本，这决定了只有高生产率的企业会选择进入出口市场，被称为自我选择效应。张杰等（2008）利用江苏省制造企业微观数据进行实证研究，发现出口不是促进企业生产率（TFP）提升的因素，而生产率却是促进企业出口的重要因素。

　　近年来，识别贸易增长的二元边际（即扩展边际和集约边际）引起了相当多学者的关注，很多文献中不同的理论框架都做出了贡献。对于集约边际的识别在企业层面贸易问题的研究中比较常见，而对于扩展边际的研究主要用来分析出口企业与非出口企业之间的差异（Bernard & Wagner, 1998; Bernard & Jensen, 1999; Evenett & Venables, 2002; Bernard et al., 2003; Eaton et al., 2001; Hummels & Klenow, 2005）。国内学者也就服务化对出口二元边际的作用进行了初步的探讨。刘斌等（2016）分析了制造业服务化与出口二元边际的关系，发现服务化能够提升企业的出口概率，增加了企业出口的产品种类和目的国市场的数目。分销服务化和金融服务化可以提升企业的出口绩效，电信服务化和运输服务化却因为成本提升效应大于质量改进效应，降低了企业出口绩效。张宏等（2018）研究发现装备制造业服务化主要通过数量边际来促进出口增长，其中对于技术密集型制造业和高收入国家的传导效应更强，但扩展边际和价格边际的传导效应并不显著。肖挺（2018b）从双边贸易总额来看，国家服务化水平的提升对于贸易进出口总额均有较大的促进作用，但重工业对外贸易所受的影响比轻工业要显著。王厚双等（2019）利用 WIOD 和 UN Comtrade 数据库进行实证研究，发现制造业投入服务化对于出口产品的价格有提升作用，并且服务化能够减弱国际市场的低价竞争程度，在提升价格的同时也可以保持出口竞争力。耿伟和王亥园（2019）探讨了制造业投入服务化对中国出口企业动态竞争力的影响，发现投入服务化通过提升产品质量提升出口企业加成率。

5.1 理论模型：Melitz 异质性企业模型

在国际贸易领域，伯纳德和詹森（1995）对异质性企业的研究做出了开创性贡献，开启了新新贸易理论的序幕。此后，对于企业异质性的研究成果层出不穷，很多学者从企业角度对贸易模式进行研究，将企业异质性与出口增长建立关联，从企业维度揭示出口扩张的机理（Melitz，2003；Bernard & Jensen，2004；Helpman et al.，2004；Yeaple，2005）。总体来讲，择优出口是新新贸易理论的精髓，而"优"在企业层面大多表现为出口企业具有更高的生产率或更强的国际竞争力，这种优势来自拥有更大的生产规模或使用技术和资本更密集的生产要素。鲍德温和罗伯特（Baldwin & Robert，2006）将企业异质性理论归为新新贸易理论的一个分支[①]，学者们一致将梅利兹（2003）的这篇文献当作异质性企业贸

[①] 新新贸易理论有两个分支：一是以梅利兹为代表的学者提出企业异质贸易模型，即本书下面介绍的模型；二是以安特拉斯（Antràs）为代表的学者提出企业内生边界模型，研究在不完全契约的条件下，企业如何选择自身的产业组织形式。

易理论的奠基性作品。

1. 模型假设

梅利兹（2003）建立了一个动态经济模型，用以分析贸易对产业内再分配和行业生产率的影响，形成了企业异质性的贸易理论。该模型展示了企业面临出口时决策的制定过程。由于贸易成本的存在，只有较高生产率的企业才能出口，同时迫使最低生产率的企业退出生产，进入的双重机制导致市场份额被高生产率的企业所占有，从而导致全要素生产率上升。

首先阐述异质性企业模型的基本假设。（1）世界上存在两个经济规模完全对称的国家，每个国家只存在一个制造业部门，并且该部门在垄断竞争和规模报酬递增条件下连续生产差异化产品。每种产品的生产仅使用劳动力这一种生产要素，并且每个国家的劳动力总量相同均为 L。由于两国的经济规模相同，在市场出清时两国的工资率也相同，进一步将其标准化为 1。（2）所有企业面临一个相同的固定成本 $f,(f>0)$，但是具有不同的生产率 φ。企业在正式生产前，不能预测自身的生产率水平，只有在生产过程中才能准确掌握自己的生产率水平。生产率是由一个概率分布随机外生决定的，认为生产率服从帕累托分布。只有确认了自身的生产率水平，企业才能进一步做出是否出口的决策。（3）如果选择出口，则除了需要支付"冰山型"运输成本等可变成本以外，还需要支付一笔出口固定成本。

2. 消费者行为

消费者效用函数采用 CES 等替代弹性效用函数：

$$U = \left[\int_{\omega \in \Omega} q(\omega)^{\rho} \mathrm{d}\omega \right]^{\frac{1}{\rho}}, 0 < \rho < 1 \qquad (5-1)$$

其中，$\rho = \dfrac{\sigma-1}{\sigma}$，$\rho$ 表示消费者对商品的多样性偏好；$\sigma > 1$，σ 表示异质性商品之间的替代弹性；ω 和 Ω 分别表示商品的种类和商品集；消费者在收入预算约束的条件下，实现消费效用最大化，收入预算条件为：

$$\int_\Omega p(\omega)q(\omega)\mathrm{d}\omega = Y \qquad (5-2)$$

其中，Y 表示消费者的预算支出（收入），$p(\omega)$ 表示商品的价格。由此，得出消费者效用最大化时的最优消费量：

$$q(\omega) = \frac{Y}{P}\left[\frac{p(\omega)}{P}\right]^{-\sigma} = Q\left[\frac{p(\omega)}{P}\right]^{-\sigma} \qquad (5-3)$$

其中，P 表示产品价格指数，可以表示为：

$$P = \left[\int_{\omega\in\Omega} p(\omega)^{1-\sigma}\mathrm{d}\omega\right]^{\frac{1}{1-\sigma}} \qquad (5-4)$$

3. 生产者行为

进一步假设每家企业只生产一种异质性商品，即厂商的数量和产品的种类是相等的。由于只投入一种生产要素——劳动力，企业生产 q 单位产品所面临的总成本函数为：

$$C(q,\varphi) = \frac{q}{\varphi} + f \qquad (5-5)$$

按照利润最大化原则进行定价，企业在国内市场上的价格为：

$$p(\varphi) = \frac{\sigma}{\sigma-1}\frac{1}{\varphi} \qquad (5-6)$$

进一步，我们可以得出企业生产 q 单位产品的收益和利润为：

$$R(\varphi) = p(\varphi)q(\varphi) = Y\left(\frac{\sigma}{\sigma-1}\frac{1}{P\varphi}\right)^{1-\sigma} \qquad (5-7)$$

$$\pi(\varphi) = p(\varphi)q(\varphi) - f = \frac{R(\varphi)}{\sigma} - f \qquad (5-8)$$

4. 企业选择进出国外市场

在开放经济中，企业出口还需承担两种成本，一种是"冰山型"运输成本等的可变成本 τ，另一种是出口固定成本 f_x，一般来说 $f_x > f$。

由此，我们可以得出企业出口产品到国外获得的收益和利润：

$$R_x(\varphi) = p(\varphi)q(\varphi) = \tau^{1-\sigma}Y\left(\frac{\sigma}{\sigma-1}\frac{1}{P\varphi}\right)^{1-\sigma} \qquad (5-9)$$

$$\pi_x(\varphi) = p(\varphi) \, q(\varphi) - f_x = \frac{R_x(\varphi)}{\sigma} - f_x \qquad (5-10)$$

由此，企业获得的总利润为：

$$\pi(\varphi) = \pi_d(\varphi) + \max\left[0, n\pi_x(\varphi)\right] \qquad (5-11)$$

令 $\pi(\varphi)=0$，可以得到企业进入国内市场的临界生产率 φ^*，企业对比自身的生产率和临界生产率来决定是继续生产还是退出市场。在开放条件下，企业还面临是否出口的临界生产率 φ_x^*。当 $\tau^{\sigma-1} < \dfrac{f_x}{f}$ 时，$\varphi_x^* > \varphi^*$。

综上所述，企业在付出沉没成本从而确定自身的生产率之后，再与临界生产率进行对比，进而做出自己的选择：

若 $\varphi > \varphi_x^*$，则企业选择将产品出口到国外市场；

若 $\varphi^* < \varphi < \varphi_x^*$，则企业选择将产品销售到国内市场；

若 $\varphi < \varphi^*$，则企业选择退出市场。

研究假说 5 – 1：企业在进行生产率比较后做出自我选择行为，生产率低的企业退出市场，生产率较高的企业选择在国内市场销售产品，只有生产率达到出口临界值时企业才会把产品出口到国外。因此，服务化可以通过提高企业生产率进而增加企业的出口概率和国际市场份额。

5.2 指标的选取、处理及数据来源

5.2.1 核心被解释变量

第一阶段回归的核心被解释变量为企业是否出口的决策，为 0—1 变量。关于数据的来源，我们需要匹配 2004～2013 年的中国工业企业数据库和中国海关数据库。在匹配的过程中，我们可以获得企业是否出口的 0—1 变量，具体的处理过程如下：（1）将中国工业企业数据库的所有企业作为企业的全集，将海关数据库内有出口行为的企业看作是出口企业；（2）将工业企业数据库与海关数据库进行匹配，匹配后出现三种情况：

一是企业来自工业企业数据库，却没有出现在海关数据库，这是属于没有出口行为的企业，即 $y_i = 0$；二是匹配成功的企业，既来自工业企业数据库又来自海关数据库，这是属于具有出口行为的企业，即 $y_i = 1$；三是来自海关数据库，不属于工业企业数据库，此种情况不计入模型回归的范畴。

第二阶段回归的核心被解释变量为出口的二元边际，进一步分解成5个指标。扩展边际主要包括企业出口产品的种类（var）和企业出口目的国的数目（des）。企业出口产品的种类是以海关数据库中每个企业出口的8位数产品代码为计算依据，而出口目的国数目是指企业出口到的所有国家的数量加总。集约边际是指产品的出口总额（lntv），进一步细化为出口产品价格（lntp）和出口产品数量（lntq）。其中，出口产品价格为企业出口的加权平均价格，权重为出口贸易额，出口产品数量为企业出口的所有产品的数量之和。关于二元边际的指标都是以企业为单位进行计算的，数据来源于 2004~2013 年的中国海关数据库，通过对原始出口数据进行处理后得到。参考施炳展（2013，2014）的做法，前期的数据整理思路如下：（1）只保留制造企业出口产品样本，并且结合拉尔（Lall，2000）的分类，将初级品、资源品剔除，剔除了 HS 编码中前两位数字为 01~21、25、26、27 的产品样本；（2）剔除关键变量缺失的样本，包括缺失企业名称、企业编码、出口数量、出口价格、出口目的国等变量的样本；（3）考虑到进出口贸易中间商一般不进行生产活动，没有服务化的动机，并且为了赚取利差可能会调整产品的价格。为了保证出口产品的价格和数量能够有效地反映贸易现实，我们将企业名称中含有"贸易""进出口""外贸""经贸""商贸"字眼的企业删除。

5.2.2 核心解释变量

核心解释变量为制造业投入服务化水平，我们选取以完全消耗系数计算的服务化水平作为主变量。关于其测算方法，前面已作详细介绍。

关于制造业服务化水平的测算，数据来自 2016 年发布的世界投入产出数据库（WIOD），包括 43 个国家 56 个部门的投入产出数据。通过 Matlab 软件进行大型矩阵运算，获得中国 18 个制造行业的生产性服务要素的投入水平。因为 WIOD 中行业代码是按照 ISIC Rev. 4 国际标准进行分类，我们需要按照具体行业划分的标准与海关出口产品的 HS 代码前两位进行匹配。具体匹配标准见附录 2。

5.2.3 控制变量的选取

1. 企业层面

（1）企业年龄（age），企业成立的年限，用"当年年份 – 成立年份 + 1"计算得到。

（2）企业相对规模（$scale$），用"企业的工业总产值/所在行业四分位代码的工业总产值"来表示。

（3）资本强度（$captl$），表示人均资本强度，用"固定资产/从业人员数量"表示。

（4）融资成本（$fincost$），表示企业获得发展资金的成本大小，用"利息支出/销售产值"来表示。

（5）流动比率（$liqud$），用"流动资产/流动负债"表示。流动比率越高，反映企业短期偿债能力越强，债权人的权益越有保障。但流动比率也不能过高，过高则表明企业流动资产占用较多，会影响资金的使用效率。

关于控制变量的选取，主要用到制造业企业的微观数据。这些数据主要来源于 2004～2013 年中国工业企业数据库，需要将中国工业企业数据库和中国海关数据库按照企业关键字进行匹配。

2. 行业层面

（1）行业集中度（$contr$），是指某行业前 N 家最大的企业所占市场份额（产值）的总和，是市场势力的重要量化指标。本书用"企业销售产值/两分位行业总销售产值的平方和"进行计算，指标越大，说明行业集中度越高。

（2）垂直专业化水平（*vertcl*），是指利用中间投入品进行加工生产的专业化分工程度，用"行业中间投入/两分位行业总产值"表示。

指标的选取、说明以及简要的描述性统计情况如表 5 - 1 所示。

表 5 - 1 变量的描述性统计

变量类别		变量名	变量说明	平均值	最小值	最大值
被解释变量（5个）		*var*	出口产品种类	6.6335	1	693
		des	出口目的国的数量	9.5127	1	189
		ln*tv*	产品出口总额，取自然对数	14.0145	0	23.7880
		ln*tp*	产品出口平均价格，取自然对数	3.3454	1.0986	19.7846
		ln*tq*	产品出口数量，取自然对数	12.2097	0	24.5325
核心解释变量		*ser*	投入服务化水平（完全消耗）	0.3249	0.2182	0.4465
		dser	投入服务化水平（直接消耗）	0.0835	0	7.6049
控制变量	企业层面	*lnage*	企业年龄 = 当年年份 - 成立年份 + 1	2.2855	0	7.6074
		scale	企业相对规模 = 工业总产值/所在行业四位数代码工业总产值	0.0026	0	0.9714
		lncaptl	资本强度 = 固定资产/从业人员，取自然对数	3.9372	1.0986	14.8931
		fincost	融资成本 = 利息支出/销售产值	0.0226	0	0.1065
		lnliqud	流动比率 = 流动资产/流动负债，取自然对数	6.8093	0	21.7236
	行业层面	*contr*	行业集中度 = （企业销售产值/两分位行业总销售产值）的平方和	0.0201	0.0015	1
		vertcl	垂直专业化程度 = 行业中间品投入/两分位行业总产值	0.2730	0	0.8896
	中介变量	*tfp*	全要素生产率，采用 LP 方法计算	3.1021	0.00184	11.98386

5.3 制造业服务化对于企业出口决策影响的实证分析

5.3.1 Logit 模型构建

本部分主要分析服务化水平对于企业出口概率的影响,因为被解释变量为二值变量(出口为1,不出口为0),在此构建 Logit 模型来分析二者的关系。

1. Logit 模型

企业是否出口属于离散因变量,对应的取值只有0和1两种,称为二值变量或0—1变量。在这种情况下,采用线性回归模型研究被解释变量的影响因素是不合适的。因为任何影响概率的因素既会影响观察值的均值,也会影响到其方差。这就说明线性回归模型无法用于分析二值变量,因为线性回归模型假设方差是固定不变的。因此,我们选择概率模型中最常用的二元 Logit 模型来分析制造业服务化水平与企业出口概率之间的关系,并对二者之间的关系进行估计和检验。

(1)(0-1)分布。

对于任意一个样本,由于被解释变量 y_i 取值为0或1,我们将 y_i 视为 Y_i 的实现值;随机变量 Y_i 服从参数为 π_i 的(0-1)分布,Y_i 的分布规律为:

$$P_r(Y_i = y_i) = \pi_i^{y_i}(1-\pi_i)^{1-y_i}, \ y_i = 0,1 \qquad (5-12)$$

因此,若 $y_i = 1$,Y_i 的概率为 π_i;若 $y_i = 0$,Y_i 的概率为 $1 - \pi_i$。

(2)Logit 变换。

为了消除因变量取值范围的约束,必须对概率 π_i 进行变换,继而把变换后的数值设定为解释变量 x_i 的线性函数,处理过程包括两个步骤。

第一步，依据概率 π_i 来定义胜算比（odds）：$\emptyset_i = \dfrac{\pi_i}{1 - \pi_i}$；显然，胜算比可以取任意非负值，如此便可消除上限的约束。

第二步，取对数计算 Logit 或 Log—odds：$\text{Logit}(\emptyset) = \ln(\emptyset) = \ln\left(\dfrac{\pi_i}{1 - \pi_i}\right)$；这样，我们就可以消除下限的约束。

随着概率 π_i 趋近于 0，Logit 将趋近于负无穷；而当概率 π_i 趋近于 1，Logit 将趋近于正无穷。因此，通过以上变换，$\text{Logit}(\emptyset)$ 将概率 π_i 的取值范围从 $[0,1]$ 映射到整个实数轴。

2. Logit 模型构建

假设企业选择出口的概率 π_i 的 Logit 变换（非概率 π_i 本身）服从线性模型：

$$\text{Logit}(\emptyset) = \ln\left(\frac{\pi_i}{1 - \pi_i}\right) = X_i'\beta \qquad (5-13)$$

其中，X_i 为解释变量构成的向量，β 为系数向量。由于 Logit 变换是一一对应的，依次可以通过求取逆对数由 Logit 反向得到概率值。由式（5-13）可解得：

$$\pi(X_i) = \frac{\exp(X_i'\beta)}{1 + \exp(X_i'\beta)} \qquad (5-14)$$

进一步，被解释变量 y_i 可表示为：

$$y_i = \pi(X_i) + \varepsilon_i \qquad (5-15)$$

当企业出口时，$y_i = 1$，相应概率为 $\pi(X_i)$；当企业不出口时，$y_i = 0$，相应概率为 $1 - \pi(X_i)$；ε_i 为随机干扰项。

5.3.2 基准回归分析

本书分别采用了 Logit 混合回归模型、Logit 面板随机效应模型和 Logit 面板固定效应模型三种方法，表 5-2 显示了 Logit 模型回归的结果。通过初步观察回归系数，发现三种情况下服务化水平对于企业出口概率的影

响都显著为正。为了保证结果的准确性，进一步对三种估计方法进行了
Hausman 检验。首先在混合回归和固定效应回归之间进行选择，发现
Hausman 检验结果（Prob > = chibar2 = 0.000）强烈拒绝混合回归的原假
设，即拒绝了"不存在个体效应"的原假设，认为应该使用固定效应回
归模型；然后在随机效应回归和随机效应回归之间进行选择，再次进行
Hausman 检验，结果同样强烈拒绝了随机效应的原假设。因此，应该选取
固定效应模型来进行回归分析。

表 5 – 2   Logit 模型基准回归结果

指标	Logit 混合回归	Logit 面板随机效应	Logit 面板固定效应	
			完全消耗系数	直接消耗系数
	（1）	（2）	（3）	（4）
ser	0.750 ***	2.892 ***	4.842 ***	
	(8.00)	(15.11)	(18.82)	
dser				21.99 ***
				(27.87)
ln*age*	0.415 ***	0.671 ***	0.530 ***	0.500 ***
	(72.15)	(52.04)	(25.64)	(24.22)
scale	4.393 ***	5.342 ***	1.403	1.049
	(9.25)	(5.75)	(1.01)	(0.76)
ln*captl*	− 0.106 ***	− 0.152 ***	− 0.0555 ***	− 0.0499 ***
	(− 37.12)	(− 24.38)	(− 6.08)	(− 5.45)
fincost	− 0.00106	− 0.00245	− 0.00152	− 0.00151
	(− 1.03)	(− 1.38)	(− 0.94)	(− 0.93)
ln*liqud*	− 0.0118 **	− 0.0120	− 0.0104	− 0.0105
	(− 2.46)	(− 1.29)	(− 0.93)	(− 0.93)
cons	0.621 ***	0.726 ***		
	(18.00)	(10.14)		
N	410331	410331	117259	117259
R^2	—	—	—	—

注： *** 、 ** 分别表示在 1% 、 5% 的水平上显著。

基准回归结果如表 5-2 第（3）列所示。以完全消耗系数方法测算的服务化水平作为解释变量，回归系数为 4.842，并且结果在 1% 的显著性水平上为正。此结果说明，制造业投入服务化水平能够显著提升企业出口的概率，服务化水平每增加 1%，出口的概率提升 4.8%；以直接消耗系数测算的服务化水平作为解释变量，回归系数依然显著为正，说明直接投入服务化水平的提升也能够显著地提高企业的出口概率。

5.3.3 企业异质性分析

表 5-2 模型估计是从总体层面对制造业服务化对出口概率的平均效应进行了考察，并没有区分企业的异质性特征。下面我们将按照行业技术密集度、贸易方式和所属区域的异质性进一步探讨不同特征的企业服务化对于出口概率的不同影响。因此，我们在基准回归的基础上加入了服务化水平和技术密集度的虚拟变量、贸易方式的虚拟变量和所属区域的虚拟变量的交互项。关于技术密集度，将行业密集度分为低技术（*LTI*）、中技术（*MTI*）和高技术（*HTI*）制造行业，并以低技术行业为基准；将贸易方式分为一般贸易（*GT*）和加工贸易（*PT*），以加工贸易为基准；将所属区域分为东部（*ED*）、中部（*MD*）和西部（*WD*），并以西部地区为基准。

表 5-3 显示了企业异质性特征下，服务化水平对于出口概率的不同影响效应。第（1）列显示了服务化水平与中、高技术行业虚拟变量交互项的系数都显著为正，这说明与低技术行业相比，中、高技术行业的服务化水平对于出口概率的正向效应更大。此外，高技术行业交互项的系数大于中技术交互项系数，说明高技术行业的作用效果又强于中技术行业。究其原因，可能是因为技术密集度越高的企业，其管理组织能力以及资本运营能力越强，对于生产率的提升作用更大，服务化的效应比较显著。第（2）列显示了服务化水平与一般贸易虚拟变量交互项的系数显著为负，说明与加工贸易出口形式相比，一般贸易企业服务化的出口效

应要弱于加工贸易企业。这可能是由于加工贸易企业本身带有出口的属性，况且加工贸易企业可能更容易接受到来自上游企业的技术溢出，具有更强的吸收转化能力。第（3）列显示了服务化水平与东、中部地区虚拟变量交互项的影响系数都显著为正，说明与西部地区企业相比，东、中部地区的企业服务化对于出口概率的促进效应更强，并且东部地区的效应又强于中部地区。这可能是由于东、中部地区的企业总体发展水平较高，外部的营商环境也比较好，服务化能够显著提升生产效率；而西部的企业因为面临着比较落后的外部营商环境，配套的生产性服务业都比较匮乏，服务化的成本会比较高，可能会陷入"服务化悖论"的困境，降低企业的生产效率。

表 5 – 3 异质性企业服务化的出口概率分析

指标	技术密集度	贸易方式	所属区域
	（1）	（2）	（3）
ser	2. 197 ** （ – 2. 02）	3. 559 *** （3. 64）	16. 08 *** （7. 38）
ser × *MTI*	5. 401 *** （5. 82）		
ser × *HTI*	8. 428 *** （10. 74）		
ser × *GT*		– 1. 100 *** （ – 10. 59）	
ser × *MD*			6. 127 *** （ – 2. 78）
ser × *ED*			14. 22 *** （ – 7. 14）
控制变量	Y	Y	Y
年份固定	Y	Y	Y
行业固定	Y	Y	Y
N	101527	101527	101527
R^2	—	—	—

注：***、** 分别表示在1%、5%的水平上显著；Y表示控制了相应的固定效应。

5.3.4 机制检验：生产率的中介效应

通过理论部分的阐释，制造业投入服务化能够提升企业的生产率。通过理论模型的推导，生产率较高的企业有机会达到出口临界生产率进而实现出口，增加了制造企业的出口概率。下面，我们将构建中介效应模型来验证生产率的中介效应，对于前文的理论假说进行实证检验。

$$tfp_{ijt} = \alpha_0 + \alpha_1 ser_{jt} + \alpha X + \mu_i + \varepsilon_{ijt} \tag{5-16}$$

$$\text{Logit}(\exp = 0|1) = \beta_0 + \beta_1 tfp_{ijt} + \beta X + \mu_i + \varepsilon_{ijt} \tag{5-17}$$

$$\text{Logit}(\exp = 0|1) = \gamma_0 + \gamma_1 ser_{jt} + \gamma_2 tfp_{ijt} + \gamma X + \mu_i + \varepsilon_{ijt} \tag{5-18}$$

其中，下标 i、j、t 分别表示企业、行业和年份，ser_{jt} 表示各个年份 j 行业的投入服务化水平，tfp_{ijt} 表示企业生产率，μ_i 表示企业个体的固定效应，ε_{ijt} 表示随机扰动项。

表5-4显示了生产率的中介效应检验结果。第（1）列的解释变量为服务化水平，被解释变量为企业生产率。采用面板固定效应模型进行回归，结果发现回归系数为1.237，说明服务化水平对于企业生产率具有显著的正向影响。这个结论验证了假说4-1、假说4-2和假说4-3。第（2）列的解释变量为全要素生产率，被解释变量为出口概率。采用面板 Logit 模型进行回归，发现企业的生产率对于出口概率的影响也是显著为正，此结论验证了假说5-1。第（3）列是将服务化水平和生产率同时放入基准回归方程，发现全要素生产率的影响系数为0.0489，服务化水平的影响系数为4.264，结果在统计上都显著为正。我们发现服务化对于生产率的作用显著为正，生产率对于出口概率的作用显著为正，加入 tfp 之后，服务化对于出口概率的影响系数较基准回归的系数4.842有一定程度的下降，这说明了全要素生产率具有较明显的中介效应，能够传导服务化对于出口概率的正向影响。至此，我们验证了企业的服务化是通过作用于生产率，进而间接影响企业的出口决策这个命题。

表 5 - 4　　　　　　　　　　企业生产率的中介效应检验

指标	tfp	Logit（exp = 0	1）	Logit（exp = 0	1）
	（1）	（2）	（3）
ser	1. 237 *** (34. 92)		4. 264 *** (19. 29)
tfp		0. 0757 *** (5. 66)	0. 0489 *** (3. 63)
控制变量	Y	Y	Y
N	373951	100616	100616
R^2	0. 128	—	—

注：*** 表示在 1% 的水平上显著；Y 表示控制了相应的固定效应。

5.4　制造业投入服务化对于出口二元边际影响的实证分析

根据出口的二元边际分解框架，出口的增长源于两个方面：集约边际和扩展边际。出口扩展边际强调产品的多样性，即出口产品种类的增加或者出口目的国的增加；而出口集约边际表示原先的产品种类上出口总额的进一步增长。二元边际理论一方面关注原出口产品份额的进一步增长，另一方面也关注是否有更多新产品进入新的外国市场。一定程度上来讲，扩展边际可以弥补集约边际加强所带来的贸易难度加大的问题，给贸易增长的瓶颈提供一个解决思路。

从前面的理论模型推导可以看出，企业是否出口并非随机和外生的，会受到生产率的影响。由于企业是否出口存在自选择效应，样本选择就存在内生性问题。一些企业由于未达到出口临界生产率而无法参与出口，我们无法观测到未出口企业的服务化水平对于出口行为的影响，那么仅根据出口企业样本所得出的统计学结果是有一定偏差的。Heckman 两阶段模型就是为了纠正这种偏差而存在的，可以解决样本选择偏差的问题。

Heckman 模型第一阶段的本质是使用 Probit 或 Logit 模型找到可能的变量（选择变量）对于出口概率的影响，据此计算出逆米尔斯比率（inverse Mill's ratio，IMR）；然后在第二阶段将逆米尔斯比率作为自变量代入方程进行回归，这样就得到 Heckman 两阶段模型的回归结果。

5.4.1 Heckman 两阶段模型构建

根据 Heckman 模型的基本思路，Heckman 第一阶段首先需要构建企业出口的决策方程，即利用 Probit 模型对企业出口决策方程进行估计：

$$Pr(expdum_{ijt} = 1) = \emptyset(\alpha_0 + \alpha_1 ser_{jt} + \partial X + \varepsilon_{ijt}) \tag{5-19}$$

其中，$expdum_{ijt}$ 表示企业是否出口的哑变量，X 表示影响企业出口决策的变量集，ε_{ijt} 为扰动项，服从正态分布。

Heckman 第二阶段需要构建服务化对于企业出口二元边际的影响的估计方程，具体如下：

$$exp_{ijt} = \beta_0 + \beta_1 ser_{jt} + \beta X + IMR_{ijt} + \mu_i + \varepsilon_{ijt} \tag{5-20}$$

其中，下标 i、j、t 分别表示企业、行业和年份的标记，exp_{ijt} 表示企业出口二元边际，ser_{jt} 表示各个年份 j 行业的投入服务化水平，IMR_{ijt} 表示逆米尔斯比率，μ_i 表示企业个体的固定效应，ε_{ijt} 表示随机扰动项。

5.4.2 基准回归分析

表 5 - 5 显示了 Heckman 两阶段模型的估计结果。其中，逆米尔斯比率（IMR）的影响系数均显著不为零，说明样本选择的偏差问题确实是存在的，使用 Heckman 两阶段模型是有必要的，能够进一步优化估计结果的准确性。从逆米尔斯比率的影响系数来看，其对于出口产品种类、目的国数目、出口总额和出口数量的影响都显著为负，只有对于出口价格的影响显著为正。这个结果说明，与出口企业相比，未出口企业的服务化对于出口产品种类、目的国数目、出口总额和出口数量的作用效果都处于劣势，但是对于产品价格的正向影响却更显著。

表5-5　　　　　　　　　　　Heckman 两阶段模型基准回归结果

指标	Heckman 第一阶段	Heckman 第二阶段				
	出口决策	扩展边际		集约边际		
		产品种类	目的国数目	出口总额	出口价格	出口数量
	(1)	(2)	(3)	(4)	(5)	(6)
ser	0.0982 * (1.70)	2.294 *** (5.07)	7.380 *** (14.49)	1.452 *** (16.13)	10.09 *** (86.68)	-1.043 *** (-9.84)
lnage	0.266 *** (70.91)	0.170 (0.66)	0.309 (1.07)	-0.0974 * (-1.91)	3.014 *** (45.68)	-0.937 *** (-15.61)
scale	2.212 *** (9.62)	-8.249 *** (-3.92)	-1.863 (-0.79)	1.466 *** (3.50)	10.02 *** (18.51)	-2.578 *** (-5.23)
lncaptl	-0.0611 *** (-37.50)	0.211 *** (3.90)	0.553 *** (9.08)	0.101 *** (9.40)	-0.391 *** (-28.11)	0.223 *** (17.61)
fincost	-0.0006 (-1.10)	0.0036 ** (2.08)	0.0080 *** (4.06)	0.0023 *** (6.56)	-0.0069 *** (-15.44)	0.0046 *** (11.14)
lnliqud	-0.0071 *** (-2.60)	0.0239 (1.19)	0.0338 (1.50)	0.0076 * (1.91)	-0.0097 * (-1.89)	0.0106 ** (2.27)
contr	-0.371 *** (-8.43)	0.668 * (1.66)	2.506 *** (5.53)	0.539 *** (6.73)	-2.939 *** (-28.38)	1.503 *** (15.95)
vertcl	-0.109 *** (-14.80)	-1.033 *** (-9.59)	-1.074 *** (-8.85)	-0.579 *** (-27.02)	-1.990 *** (-71.72)	0.163 *** (6.46)
IMR		-7.511 *** (-3.59)	-18.65 *** (-7.91)	-5.002 *** (-12.01)	15.37 *** (28.53)	-9.928 *** (-20.25)
cons	0.484 *** (23.50)	7.726 *** (7.02)	11.07 *** (8.92)	15.29 *** (69.72)	-10.66 *** (-37.58)	17.24 *** (66.83)
N	410331	410331	410331	410331	410310	410304
R²		0.007	0.020	0.058	0.152	0.006

注：*** 、** 、* 分别表示在1%、5%、10%的水平上显著。

　　从 Heckman 第一阶段的回归结果来看，服务化水平对于企业出口的概率依然存在显著的正向影响；从第二阶段的回归结果来看，表5-5 第（2）列显示服务化水平对于出口产品种类的影响在1%的水平上显著为正；第（3）列显示服务化水平对于出口目的国数量的影响在1%的水平上显著为正。究其原因，可能是由于服务化一般致力于企业的转型升级，通过生产率效应和创新效应可以提升产品质量，质量效应会使得国外消费者更加青睐我国的出口产品，企业出口的产品的种类和目的国数目都相应提升。总体而言，服务化水平显著提升了企业的出口产品种类和目的国数目，对于企业出口的扩展边际影响为正。

表 5 - 5 第（4）列结果显示服务化水平对于企业出口总额的影响在 1% 的水平上显著为正；第（5）列显示服务化水平对于企业出口价格的影响在 1% 的水平上显著为正；第（6）列显示服务化对于企业出口产品数量的影响，影响系数为 - 0.043，结果在 1% 水平上显著为负。我们发现，服务化战略能够显著提升企业出口额和出口价格，但却没有提升企业出口产品的数量。一方面，这可能是由于服务化提升了企业的生产标准，产品的质量不断提升，价格也相应提升；另一方面，可能是由于企业通过服务化战略促进企业转向更加高端的产品生产，原有低端出口产品的数量反而会降低。但由于服务化的价格效应大于数量效应，出口总额最终是增加的。总体而言，服务化水平对于价格边际的影响为正，对于数量边际的影响为负，但正向效应大于负向效应，服务化对于集约边际的总体效应为正。

5.4.3 稳健性检验

本书将使用企业层面的制造业投入服务化水平指标来进行稳健性检验。基准回归中的服务化水平属于行业层面的测算结果，为了避免与企业维度数据在对接时存在的过度加总问题，本书将解释变量进行有效的替换，用企业服务化水平替代完全消耗系数计算出的服务化水平，来分析其对于企业出口二元边际的影响。根据刘斌和王乃嘉（2016）所做的研究以及根据国家统计局制定的《工业统计指标解释》《企业会计准则第 30 号——财务报表列报》，工业中间投入可以分为直接材料、制造费用的中间投入、管理费用的中间投入、销售费用的中间投入和财务费用五大类。直接材料包括企业生产经营过程中实际消耗的原材料等，主要用于实物项下的投入。而制造费用的中间投入、管理费用的中间投入、营业费用的中间投入和财务费用主要用于企业的服务支出，即企业的研发、教育、运输、金融、营销等服务项下的投入。这四项占工业中间投入的比重在一定程度上代表了企业服务投入化水平。因此，微观企业服务化水平的计算公式为：

$$mser = \frac{\text{制造费用的} + \text{管理费用的} + \text{营业费用的} + \text{财务} }{\text{工业中间投入}} \quad (5-21)$$

表 5 - 6 显示了回归的结果。第（1）列显示服务化水平对于企业出口概率的影响效应依然显著为正；第（2）、第（3）列分别显示了企业服务化水平对于出口产品种类和出口目的国数量的影响系数，回归结果都是显著为正的，与基准回归一致；第（3）列至第（5）列分别显示了服务化水平对于出口额、出口价格和出口量的影响，结果显示服务化对于出口总额和出口价格的影响效应都是显著为正的，而对于出口数量的影响效应显著为负，与基准回归也是一致的。因此，替换解释变量后，模型回归的结果依然保持稳健。

表 5 - 6　　　　企业服务化对出口二元边际回归的稳健性检验

指标	Heckman 第一阶段	Heckman 第二阶段				
	出口决策	扩展边际		集约边际		
		产品种类	目的国数目	出口总额	出口价格	出口数量
	(1)	(2)	(3)	(4)	(5)	(6)
mser	1.806***	7.92***	11.18***	3.70***	34.12***	−5.338***
	(11.14)	(−4.23)	(−5.30)	(9.94)	(70.59)	(−12.17)
IMR		3.910*	12.91***	−4.406***	16.43***	−9.467***
		(−1.92)	(−5.64)	(−10.90)	(31.30)	(−19.88)
控制变量	Y	Y	Y	Y	Y	Y
N	410331	410331	410331	410331	410310	410304
R^2		0.007	0.020	0.058	0.152	0.006

注：***、*分别表示在1%、10%的水平上显著；Y 表示控制了相应的固定效应。

5.4.4 分组异质性回归分析

1. 服务化对于出口产品种类的回归结果分析

制造企业根据技术密集度、贸易方式和所属区域的不同可以划分成不同的组别，我们将所有的样本进行组别划分然后分别进行回归，表5-7显示了不同组别企业的服务化水平对于出口产品种类的回归结果。第（1）列至第（3）列显示了不同技术密集度企业的服务化水平对于出口产品种类的影响，结果显示低、中、高技术企业的服务化对于出口产品种类都是有显著正向作用的，而高技术企业的作用效果最强。第（4）、第（5）列显示了以不同贸易方式出口的企业的服务化水平对于出口产品种类的影响。对于以一般贸易形式出口的企业，其服务化水平的提升对于出口产品种类的影响显著为正；而对于以加工贸易形式出口的企业，其服务化水平的提升对于出口产品种类的影响为负。这可能是由于以一般贸易形式出口的企业业务调整的灵活度较高，可以通过服务化的战略来实现范围经济，可以相应提升企业出口的产品种类；而对于加工贸易企业，因为受到原材料供应的源头限制，其开发新产品和新品种的难度较大，没有动力新增产品线，导致出口的产品种类有限。第（6）列至第（8）列显示了来自不同地域的出口企业的服务化水平对于出口产品种类的影响。对于来自中、东部的出口企业，其服务化水平的提升能够正向促进企业出口的产品种类，而来自西部的出口企业其作用的方向却相反。这可能是由于东、中部企业拥有更加发达的交通网络，信息化水平和金融服务能力都较强，服务化水平的提升能够显著降低企业的生产成本，企业倾向生产更多的产品种类实现范围经济，出口的产品种类会相应上升；而西部的企业因为面临着比较落后的外部营商环境，已有的产品生产已经面临较高的生产、经营成本，没有动力通过增加产品种类实现范围经济，由于服务化所增加的成本反而会挤占企业原先生产的资源，减少企业已有的生产线，导致出口产品种类减少。

表 5 - 7　　　　　　　　　服务化对出口产品种类的分组回归结果

指标	技术密集度			贸易方式		所属区域		
	低技术	中技术	高技术	一般贸易	加工贸易	东部	中部	西部
	(1)	(2)	(3)	(4)	(5)	(6)	(7)	(8)
ser	5.29***	4.997***	21.09***	2.27***	-6.41***	3.789***	14.52***	-8.693
	(5.93)	(4.33)	(19.58)	(4.05)	(4.79)	(8.36)	(4.65)	(-1.09)
IMR	-13.41***	-2.84	-6.204*	-0.697	26.56***	-4.209**	21.17*	-60.18**
	(-3.88)	(-0.68)	(-1.83)	(-0.27)	(4.07)	(-2.02)	(1.91)	(-2.27)
控制变量	Y	Y	Y	Y	Y	Y	Y	Y
N	145700	82402	147488	213600	87183	339318	26754	9518
R^2	0.002	0.006	0.027	0.003	0.010	0.009	0.009	0.014

注：***、**、*分别表示在1%、5%、10%的水平上显著；Y表示控制了相应的固定效应。

2. 服务化对于出口产品价格的回归结果分析

表 5 - 8 显示了不同组别企业的服务化水平对于出口产品价格的回归结果。第（1）列至第（3）列显示了不同技术密集度企业的服务化水平对于出口产品价格的影响，结果显示低、中、高技术密集度企业的服务化对于出口产品价格都有显著的促进作用，而作用强度最大的是低技术企业。这可能是低技术企业的出口产品本身没有价格优势，长期处于价值链的低端。如果具备了服务化的条件，可能会在很大程度上提升产品质量，增加出口产品的附加值，价格提升幅度会较大。第（4）、第（5）列显示了以不同贸易方式出口的企业的服务化水平对于出口产品价格的影响。对于以一般贸易和加工贸易形式出口的企业，其服务化水平的提升对于出口产品价格的影响都显著为正，加工贸易企业的作用效果更大。第（6）列至第（8）列显示了来自不同地域的出口企业的服务化水平对于出口产品价格的影响。对于来自东、中、西部的出口企业，其服务化水平的提升对于企业出口的产品价格都具有显著的促进作用，而来自西部的出口企业的作用效果最大。这可能是由于西部地区很多企业是承接东、中部的产业转移，所生产的产品附加值较低，具有较大的后发优势，服务化产生的生产率效应和质量效应可以更加明显地提升西部地区企业

出口产品的价格优势。

表 5 − 8 服务化对出口产品价格的分组回归结果

指标	技术密集度			贸易方式		所属区域		
	低技术	中技术	高技术	一般贸易	加工贸易	东部	中部	西部
	(1)	(2)	(3)	(4)	(5)	(6)	(7)	(8)
ser	16.54*** (78.64)	7.730*** (21.09)	11.85*** (39.48)	0.357*** (2.93)	7.457*** (25.15)	8.883*** (68.40)	8.133*** (15.67)	9.183*** (9.86)
控制变量	Y	Y	Y	Y	Y	Y	Y	Y
N	145689	82393	147487	213581	87181	339303	26749	9517
R^2	0.271	0.148	0.141	0.016	0.140	0.183	0.098	0.087

注：***表示在1%的水平上显著；Y表示控制了相应的固定效应。

另外，本书还分析了企业服务化水平对于出口目的国数目、产品出口总额和产品出口数量的影响，具体的回归结果见本书附录3。

5.5 本章小结

本章从企业层面进行考察，将企业的出口行为分为出口决策（是否出口）和出口增长的二元边际（扩展边际和集约边际）两方面，进而实证检验制造业服务化对于企业出口行为的影响效应。推导演绎了Melitz异质性企业模型，得出结论：生产率高的企业会因达到临界的出口生产率而选择出口，效率较低的企业会选择留在国内市场或直接退出市场。第5.2节对于本章所涉及的所有变量和指标的选取和计算进行了说明，并且进行了简单的描述性统计分析。

第5.3节实证分析了制造业投入服务化对于企业出口决策的影响。因为出口决策属于0—1选择，所用数据为面板数据，因此选择面板Logit模型来分析服务化对于出口概率的影响。首先，介绍了Logit模型的推导过程，构建了Logit模型，在对比了混合Logit模型、面板Logit随机效应和面板Logit固定效应之后，选择面板固定Logit模型进行了基准回归，回归的结果显示：服务化水平的上升能够显著促进企业的出口概率；其次，基于行业技术密集度、企业贸易方式和所属区域的不同进行了企业异质性分析，通过服务化指标与各异质性特征的虚拟变量进行交互，来实证分析不同企业服务化的不同作用效果；最后，将生产率作为中介变量，构建中介效应模型实证检验了服务化对于出口概率的影响。

第5.4节构建了可以修正样本选择偏差的 Heckman 两阶段模型，来实证分析服务化对于企业出口二元边际的影响。首先，采用 Probit 模型构建了第一阶段的回归方程，采用固定效应模型构建了第二阶段的回归方程；其次，重点分析了 Heckman 两阶段模型的基准回归结果，结果显示：Heckman 两阶段模型确实能够修正样本选择偏差所带来回归偏误，制造业投入服务化对于出口产品种类、出口目的国数目、出口产品总额、出口产品价格的影响方向为正，对出口产品数量的影响方向为负；再次，使用微观企业的服务化水平作为替代解释变量，对于模型进行了稳健性检验，结果与基准回归一致；最后，通过分组异质性分析，将行业技术密集度、企业贸易方式和所属区域划分成不同的组别进行回归，具体分析了服务化水平在不同组别下对于出口产品种类和出口产品价格的不同效应。

第 6 章

制造业投入服务化对出口产品质量影响的实证分析：产品层面

6.1 理论模型：投入服务化与出口产品质量

本书借鉴哈拉克和西瓦达桑（Hallak & Sivadasan，2008）提出的质量最优选择模型来推导产品质量的决定因素，进而将其作为中介变量来分析制造业服务化对于产品质量升级的作用机制，为下文的实证检验提供理论支撑。

6.1.1 理论模型和研究假设

1. 偏好与需求

假定消费者的偏好符合不变替代弹性（CES）形式，效用函数设定为：

$$U_s = \left[\sum_s (\lambda_s q_s)^{\frac{\sigma-1}{\sigma}} \right]^{\frac{\sigma}{\sigma-1}}, \sigma > 1 \qquad (6-1)$$

其中，q_s 和 λ_s 分别表示产品 s 的数量和质量，σ 代表各种产品类别之间的替代弹性。假定 E（外生）代表消费者支出水平，P 代表价格聚合指数，即 $P = \sum_s P_s^{1-\sigma} \lambda_s^{\sigma-1}$。$P$ 在此处可以看作市场竞争强度的一个指标，更高的 P 值意味着更激烈的市场竞争程度。[①] 当 $\sigma > 1$ 时，P 与产品的价格成反比，即更高（更低）的价格意味着更低（更高）的 P 值。因为给定预算约束式，经过效用最大化过程求解，得到消费者对产品 s 的需求量：

$$q_s = p_s^{-\sigma} \lambda_s^{\sigma-1} \frac{E}{P} \qquad (6-2)$$

此处，产品质量是解释变量，它捕获了除了价格以外消费者所看重的产品的其他所有属性。式（6-2）表明需求量取决于产品质量和价格，意味着企业生产效率越高或者产品质量越好，越能够占据较大的市场份额。

2. 供给

模型考虑了企业异质性的两个来源。根据梅利兹（2003）的标准，第一个异质性的来源是生产率 φ，它可以降低可变生产成本。第二个异质性来源是生产能力 ξ，代表企业以较低的固定成本生产较高质量产品的能力。因此，边际成本和固定成本函数可以表示为：

$$MC(\lambda, \varphi) = \frac{\theta}{\varphi} \lambda^{\alpha}, F(\lambda, \xi) = F_0 + \frac{\mu}{\xi} \lambda^{\beta} \qquad (6-3)$$

其中，θ 为常数参数，F_0 为企业固定的运行成本，α、$\beta(\alpha > 0, \beta > 0)$ 分别表示边际成本的质量弹性和固定成本的质量弹性。边际成本独立于生产规模，并且随着产品质量（λ）的增加而增加。由式（6-3）可见，在质量不变的前提下，生产率（φ）越高的企业，支付的可变成本越低；企业实际生产能力越高，需要的固定成本越低。

3. 一般均衡

根据利润最大化原则，可以得到最优的产品质量为：

$$\lambda(\varphi, \xi) = \left[\frac{1-\alpha}{\beta} \left(\frac{\sigma-1}{\sigma} \right)^{\sigma} \left(\frac{\varphi}{\theta} \right)^{\sigma-1} \frac{\xi}{\mu} \frac{E}{P} \right]^{\frac{1}{\gamma}} \qquad (6-4)$$

---

① 此处，$P_s^{1-\sigma}$ 是指 CES 效用函数的效用成本指数。

其中，$\gamma = \beta - (1-\alpha)(\sigma - 1)$。由式（6-4）可知，"生产率 φ" 和 "生产能力 ξ" 对于企业出口产品质量存在正向的促进作用，提高企业的生产率或者提升企业生产能力可以减少生产的可变成本和固定成本。

研究假说 6-1：企业的生产率提升能够降低可变生产成本，进而提升产品质量。

研究假说 6-2：企业的生产能力提升，可以以较低的固定成本生产较高质量的产品。

6.1.2 作用机制分析

1. 投入服务化→生产率→产品质量升级

制造业投入服务化相当于将服务业作为一种中间要素投入到产品生产之中，而生产经营过程中，服务具有生产力功能和润滑功能。薛立敏等（1993）认为，可以将生产性服务的提供者看作一个专家集合体，这个集合体包含知识和技术，能够增加生产的迂回度，深化专业化分工，提高各种生产要素的生产率。安东尼亚德斯（Antoniades，2015）认为生产率更高的企业拥有更高的市场份额，具有更高的出口概率，也更倾向于生产高质量的产品。玛诺娃和俞（Manova & Yu，2017）认为生产率、技能、资本和研发强度越高的公司，产品间的价格和质量分散度越大，平均价格和产品质量也越高。

服务化之所以能够通过提升生产效率，进而提升产品质量，究其原因主要在于服务化具有明显的成本效应（许和连等，2017）。对于企业而言，若企业选择将生产性服务业外包，则企业可以专注于自身的优势产品的生产，有利于实现资源的合理配置，降低生产制造成本；若企业将服务化"内置"于企业之中，服务化将发挥有效的协调功能，能够节约企业的交易成本（吕政等，2006）。弗朗索瓦（Francois，1990）在他的研究中特别强调了生产者服务在生产过程中所发挥的桥梁和纽带作用。运输服务、分销服务以及金融服务等通过自身的异质性特征都能够降低企业成本，提升生产效率（刘斌等，2016）。由于成本的节约，企业可以"挤出"较多的资金和余力用于提升企业的生产效率，进而提升产品质量。

2. 投入服务化→技术创新→产品质量升级

作为制造业中间投入要素中的服务，大多数是专业技术、管理技能、营销服务等知识密集型的商务服务业，具有较强的技术创新能力。商务服务业作为"创新之桥"，被认为是技术更新和进步的主要驱动力（Czarnitzki & Spielkamp，2003）。在现代制造业中，并非只有生产环节涉及创新活动，许多创新思路来源于研发环节、营销和售后服务等其他环节，各个阶段都是重要的创新源泉（徐振鑫等，2016）。企业的研发行为有助于企业识别对生产有利的技术和管理经验，从而提升其技术吸收能力（戴觅和余淼杰，2012）。因此，研发环节有利于企业较快地吸取有益的生产技术，有利于企业改进相关的生产工艺、流程和技术，进而有针对性地提升某些产品的工艺、性能和标准。而营销或售后服务环节是企业和消费者进行信息双向反馈的有效渠道，这个过程可以有效地激发创新行为。因此，通过各种服务环节，可以将消费者的偏好引入到企业产品的设计研发中，联合消费者的视角来不断更新和提升产品质量。怀特等（1999）的研究也发现，顾客接触、服务传递效应能够显著促进企业新产品开发，提高产品质量。刘斌和王乃嘉（2016）认为通过创新激励效应和市场反馈效应，制造业投入服务化能够有效提升产品质量，进而提高产品的价格。杨仁发和汪青青（2018）认为生产性服务投入会导致企业将更多的高端服务投入产品生产，无形中可以提高制造企业的生产能力，进而提高产品质量。

研究假说6-3：制造业投入服务化通过降低生产成本提升企业生产率，进而提升出口产品质量。

研究假说6-4：制造业投入服务化通过激发创新效率提升企业生产能力，进而提升出口产品质量。

6.2 模型构建、指标选取和数据处理

6.2.1 模型构建

为了研究制造业投入服务化对于出口产品质量的作用机制，构建计量模型如下：

$$qua_{tfig} = \partial_0 + \partial_1 ser_{tfig} + \delta X + u_f + u_i + u_t + \varepsilon_{tfig} \qquad (6-5)$$

其中，下标 t、f、i 和 g 分别表示年份、企业、行业和产品；qua_{tfig} 表示产品的质量，是核心被解释变量；ser_{tfig} 表示产品的服务化水平，为核心解释变量；X 为控制变量，主要选取企业年龄、企业规模、产品出口率、资本强度和融资成本五个变量；此外，u_f、u_i 和 u_t 分别表示企业、行业和年份的固定效应，ε_{tfig} 为误差项。

6.2.2 指标测算和选取

1. 核心被解释变量：产品质量的测算

关于出口产品质量的具体测算方法参照本书第 3.3.1 节的内容。

2. 核心解释变量：制造业投入服务化水平

我们用完全消耗系数衡量制造业中服务要素的投入水平（ser），具体测算方法参照本书第 3.1.3 节的内容。需要说明的是，本书只计算生产性服务要素对于制造业的投入水平。

3. 控制变量的选取

企业年龄（$lnage$）用"当年年份 – 开业时间 + 1"并取对数表示；企业相对规模（$scale$）用工业总产值除以四分位行业总产值表示；出口

强度（*expr*）用"出口交货值/工业销售产值"表示；资本强度（lncaptl）用"固定资产/年末从业人员数"并取对数表示；融资成本（lnfincost）用"利息支出/工业销售产值"并取对数表示。

6.2.3　数据处理和来源

为了进行产品质量的测算，我们需要用到 2007~2013 年中国海关数据库的数据。数据整理思路如下：（1）只保留制造企业出口产品样本，将初级品、资源品剔除，剔除了 HS 编码中前两位数字为 01~21、25、26、27 的产品样本；（2）剔除关键变量缺失的样本，包括缺失企业名称、出口数量、出口价格、出口目的国等变量的样本，剔除单笔贸易金额在 50 美元以下或者单笔贸易数量小于 1 的样本；（3）考虑到进出口贸易中间商为了赚取利差可能会调整产品的价格，将企业名称中含有"贸易""进出口""外贸""经贸""商贸"词的企业删除；（4）由于企业在同一年可能以不同的价格出口同种编码产品到同一个目的国不止一次，为了体现企业出口到每一个国家产品质量的最高水平，只保留出口价格最高的那一条记录；（5）为了克服质量和价格之间的内生性，选取至少 2 个或以上出口目的国的企业样本。

为了获得企业异质性特征对产品质量的不同影响，需要用到微观企业数据。数据主要来源于 2007~2013 年中国工业企业数据库，我们需要将中国工业企业数据库和中国海关数据库按照企业关键字进行匹配。关于制造业服务化指标的测算，数据来自世界投入产出数据库（WIOD）发布的 2000~2014 年 43 个国家 56 个部门的投入—产出数据。通过 Matlab 软件进行大型矩阵运算，获得中国 18 个制造行业的生产性服务要素的投入水平，包括国内和国外的生产性服务要素投入。因为 WIOD 中行业代码是按照 ISIC Rev.4 国际标准分类，我们需要按照具体划分标准与海关出口产品的 HS 代码前两位进行匹配，匹配标准见本书附录 2。

6.3 实证结果分析

6.3.1 基准回归分析

表 6 - 1 为基准回归结果，第（1）列只加入了核心解释变量制造业服务化水平（*ser*），并且控制了非观测的年份固定效应和企业固定效应，结果显示服务化水平对出口产品质量的影响在 1% 的水平上显著为正；第（2）列进而控制了行业固定效应之后，回归系数略微降低，但结果仍然显著为正；第（3）列和第（4）列加入了其他控制变量，并且先后控制了年份固定效应、企业固定效应以及行业固定效应，结果显示回归系数都在 1% 的水平上显著为正。因此，本书的基准回归结果都支持了制造业服务化能够提升产品质量升级这一命题。

表 6 - 1　　　　服务化对出口产品质量的基准回归结果

指标	*qua*	*qua*	*qua*	*qua*
	(1)	(2)	(3)	(4)
ser	0. 1739 ***	0. 1091 ***	0. 1750 ***	0. 1063 ***
	(18. 04)	(3. 88)	(17. 97)	(3. 72)
expr			0. 0131 ***	0. 0139 ***
			(10. 96)	(11. 95)
scale			0. 0927 ***	0. 0928 ***
			(3. 79)	(3. 90)
lnage			0. 0034 ***	0. 0032 ***
			(2. 85)	(2. 81)
lncaptl			− 0. 0005	− 0. 0005
			(− 1. 35)	(− 1. 36)
lnfincost			− 0. 0003 ***	− 0. 0003 ***
			(− 2. 62)	(− 2. 74)
cons	0. 5125 ***	0. 5321 ***	0. 4965 ***	0. 5171 ***
	(175. 52)	(62. 62)	(116. 01)	(56. 82)

指标	*qua*	*qua*	*qua*	*qua*
	(1)	(2)	(3)	(4)
年份固定	Y	Y	N	Y
企业固定	Y	Y	N	Y
行业固定	N	Y	N	Y
N	529405	529405	519891	519891
R^2	0.338	0.374	0.337	0.374

注：*** 表示在 1% 的水平上显著；Y 表示控制了相应的固定效应，N 表示没有控制。

在基准回归中，我们还发现出口强度、企业规模、企业存续时间能够对于产品质量产生正向的促进作用，这与预期一致；资本强度对于产品质量的影响不显著，这与许和连等（2017）的研究结论一致；企业融资成本对于产品质量的影响系数显著为负，这是由于融资成本越高越占用企业资金，不利于提升企业的生产效率。

6.3.2 稳健性检验

1. 内生性问题

制造业服务化会促进企业的出口产品质量升级。反之，对于出口产品的高质量需求会促使企业改变生产模式，进行服务化转型，这种逆向因果可能会导致估计结果的高估。为了克服这种内生性，有效的方法就是选择一个合适的工具变量对模型进行两阶段最小二乘估计法（2SLS）。因为印度与我国的经济发展结构类似，发展模式存在相互借鉴的情况。印度的制造业服务化水平和中国有较强的相关性，但并不会直接影响我国企业的出口产品质量，所以符合工具变量的特征。另外，由于服务化效应可能存在时滞性，我们还选择制造业服务化滞后一期项作为工具变量来进行 2SLS 回归。为了检验工具变量的有效性，我们分别对两个工具变量进行了不可识别检验（Kleibergen – Paap rk. LM 检验）和弱工具变量检验（Cragg – Donald Wald F 检验），结果均在 1% 水平上拒绝了"工具变量识别不足"和"存在弱工具变量"的原假设，说明两个工具变量的选取是有效的。表 6 – 2 第（1）列和第（2）列分别表示将印度的制造业服务化水平和我国服务化滞后一期作为工具变量的回归结果，结果显示制造业服务化水平的估计系数在 1% 的显著性水平上显著为正，与基准回归一致。因此，在考虑了模型的内生性后，本书的核心结论保持稳健。

表 6 – 2 　　　　　服务化对出口产品质量回归的稳健性检验

指标	IV – 2SLS	IV – 2SLS	$\ln price$	qua
	（1）	（2）	（3）	（4）
ser	0. 3325 ***	2. 7215 ***	2. 2992 ***	
	（5. 40）	（26. 85）	（7. 87）	
$indser$				0. 0260 ***
				（ – 7. 47）
控制变量	Y	Y	Y	Y
年份固定	Y	Y	Y	Y
企业固定	N	N	Y	Y
行业固定	Y	Y	Y	Y
N	525253	280510	519891	519891
R^2	0. 006	0. 048	0. 585	0. 374

注：*** 表示在 1% 的水平上显著；Y 表示控制了相应的固定效应，N 表示没有控制。

2. 替换指标

很多学者证实了价格与质量之间存在正向关系，为了进一步证实核心结论的稳健性，将出口产品价格作为质量的替代指标进行回归，结果如表 6 – 2 第（3）列所示，结果显示核心解释变量的估计系数仍然显著为正，与基准回归一致。另外，基准回归中制造业投入服务化是从行业层面测算的，为避免行业数据与企业数据在匹配时出现的过度加总问题，需要进一步测算企业层面的服务化指标。因为营业费用（销售费用）的中间投入、管理费用中的中间投入和财务费用能够覆盖企业大部分的服务性支出，比如企业的研发、培训、物流、金融、营销等服务，因而这三项费用在一定程度上代表了企业服务投入化水平。本书借鉴刘斌和王乃嘉（2016）的方法，利用销售费用、管理费用、财务费用占工业总产值的比重作为制造业投入服务化水平的替代指标，用 indser 表示。回归结果如表 6-2 第（4）列所示，服务化指标的系数仍然在 1% 水平上对企业产品质量呈现显著的正相关关系。

6.3.3 分组异质性回归分析

下面我们将基于企业的贸易方式、所有制形式、技术密集度以及所在区域四个异质性特征分别进行分组回归，进一步考察制造业服务化对企业的产品质量异质性的影响效应。回归结果如表 6-3 所示。

表 6-3 　　　　　　企业贸易方式和所有制的分组回归结果

指标	贸易方式		企业所有制		
	一般贸易	加工贸易	国有企业	外商独资企业	私营企业
	（1）	（2）	（3）	（4）	（5）
ser	0.382 ***	1.117 ***	0.524 ***	0.453 ***	0.314 ***
	(11.27)	(17.10)	(2.76)	(8.49)	(6.28)
控制变量	Y	Y	Y	Y	Y
年份固定	Y	Y	Y	Y	Y
行业固定	Y	Y	Y	Y	Y
N	405644	116656	19545	183009	159862
R^2	0.074	0.073	0.151	0.059	0.080

注：*** 表示在 1% 的水平上显著；Y 表示控制了相应的固定效应。

1. 企业贸易方式和所有制的异质性

表 6-3 第（1）列和第（2）列分别报告了一般贸易和加工贸易企业的制造业服务化水平对于出口产品质量的不同影响。可以看出，在控制了年份和行业固定效应以后，两类企业的服务化水平对于产品质量的影响都是显著为正，但是加工贸易企业的正向促进效果要强于一般贸易企

业。这可能是由于加工贸易型企业主要通过进口中间品来进行生产和贸易，这个过程中投入的各项服务要素的生产效率都可以通过中间品的技术溢出效应或者"干中学"效应得到加强，创新激励比较明显，对于产品质量的提升作用会比较显著。

表6-3第（3）列至第（5）列报告了不同所有制形式的企业制造业服务化对产品质量的影响。我们发现这三类企业的作用效果都在1%的水平上显著为正。但是，我们发现国有企业的作用效果最为强烈，其次为外商独资企业，再次为私营企业。这一方面可能是由于近年来大型国有企业的转型需求较为强烈，服务化的态势比较迅猛，服务化水平和效率都略胜一筹；另一方面可能是由于国有企业在服务资源的获取、协调和配置方面，比外商独资企业和私营企业更加具有优势，导致其生产率较高，对于产品质量的促进作用更为显著。

2. 企业技术水平和所处区域的异质性

按照不同产品技术特征的差异性，我们将企业分成高技术企业、中技术企业以及低技术企业。按企业技术密集度和所属区域的分组回归结果如表6-4所示。

表6-4　　　　　　　企业技术密集度和所属区域的分组回归结果

指标	技术密集度			所属区域		
	低技术行业	中技术行业	高技术行业	东部	中部	西部
	(1)	(2)	(3)	(4)	(5)	(6)
ser	0.1536 ***	0.2455 ***	0.3077 **	0.4529 ***	0.8916 ***	0.0755
	(2.78)	(3.68)	(2.30)	(11.51)	(4.10)	(0.22)
控制变量	Y	Y	Y	Y	Y	Y
年份固定	Y	Y	Y	Y	Y	Y
行业固定	Y	Y	Y	Y	Y	Y
N	247102	104398	173753	332499	13037	5440
R^2	0.079	0.056	0.048	0.062	0.147	0.090

注：*** 、** 分别表示在1%、5%的水平上显著；Y表示控制了相应的固定效应。

表6-4第（1）列至第（3）列的回归结果显示：制造业服务化对三

组企业的出口产品质量都产生了积极的作用效果，并且都在 5% 的水平上显著为正。但是，作用效果随着技术密集度的提升而呈现递增现象。这可能是由于高技术企业具有知识和技术密集型特点，对于各种服务要素的需求比较旺盛，而各种高级生产要素之间的分工会更加有序，对于生产效率的提升和研发创新能力都会起到更大的激励作用。而对于低技术企业，其产品可能大多处于价值链低端，从事附加值较低的加工装配环节，在这个过程中投入的生产性服务业会相对比较少且相对低端，对于生产率和创新效率的影响也稍显微弱。

表 6 – 4 第（4）列至第（6）列的回归结果显示：制造业服务化对东部和中部企业的出口产品质量都产生了积极的作用效果，并且在 1% 的水平上显著为正，而对于西部地区的产品质量也起到了正向作用，但作用效果不显著。这可能是由于西部地区相对于东部、中部地区企业的技术约束条件不同，西部地区很多企业是来自东部、中部地区的产业转移或资源消耗型企业，其服务化的动力不足、诉求较弱，导致企业的生产率或技术创新能力较弱，所以对于产品质量的促进效应不甚显著。而从东部和中部地区的对比来看，中部地区的平均作用效果更加显著。这可能是由于一直以来东部地区企业的总体服务化水平都相对较高，其发展已经处于较稳定的增长状态。而中部地区由于近年来的政策冲击以及后发优势，企业服务化水平呈现强劲的增长态势，对企业生产能力的促进效果明显，进而对于产品质量的升级影响也相对比较显著。

6.4　作用机制检验

本书理论机制部分已经论述了制造业服务化如何通过提升生产效率和企业创新效率来提升出口产品质量，并提出了相应的理论假设。为了验证这些命题，我们在此建立中介效应模型来检验这种传导机制。中介变量中生产率 φ 用全要素生产率来表示，本书使用索洛余值法来估计企业的全要素生产率。生产能力 ξ 代表了企业在不变固定成本下生产出高质量产品的能力，我们用企业的创新效率来代替，用"新产品产值/工业销售产值"计算得出。

需要提前说明的是，为了证实生产率和创新效率无交互影响，本书对两个指标进行了相关性检验，相关性结果显示两者的关联系数为0.0509，关联性不强。此外，为了证明两者之间无交互影响，我们还在机制检验中加入了生产率（tfp）和创新效率（$innov$）的交互项进行回归，结果如表6-5所示。实证结果表明，第（2）列加入交互项后，交互项的系数较小且不显著，服务化（ser）和生产率（tfp）对产品质量的影响系数基本不变，说明创新效率对生产率并不产生交互影响；另外，第（4）列加入交互项后，交互项的系数较显著，服务化（ser）和创新效率（$innov$）的系数都略有减少，说明生产率对创新效率确实产生了一定的影响，但是从系数的变动来看，影响的效力比较微弱，忽略此影响。综上所述，本书将生产率（tfp）和创新效率（$innov$）两个作用途径分开讨论。

表6-5　　　　企业生产率和创新效率的交互影响回归结果

指标	qua	qua	qua	qua
	(1)	(2)	(3)	(4)
ser	0.0993 ***	0.0985 ***	0.106 ***	0.104 ***
	(3.48)	(3.45)	(3.71)	(3.64)
tfp	0.143 ***	0.143 ***		
	(12.78)	(12.78)		
$innov$			0.000586	- 0.0779 ***
			(0.31)	(- 2.66)
$tfp \times innov$		0.00187		0.130 ***
		(0.60)		(2.69)
控制变量	Y	Y	Y	Y
年份固定	Y	Y	Y	Y
企业固定	Y	Y	Y	Y
行业固定	Y	Y	Y	Y
N	519891	519891	519891	519891
R^2	0.374	0.374	0.374	0.374

注：*** 表示在1%的水平上显著；Y表示控制了相应的固定效应。

按照温忠麟和叶宝娟（2014）的研究方法，本书使用依次检验法构建中介效应模型如下：

$$tfp_{tfig} = \beta_0 + \beta_1 ser_{tfig} + \delta X + u_f + u_i + u_t + \varepsilon_{tfig} \qquad (6-6)$$

$$innov_{tfig} = \beta_0 + \beta_1 ser_{tfig} + \delta X + u_f + u_i + u_t + \varepsilon_{tfig} \qquad (6-7)$$

$$qua_{tfig} = \gamma_0 + \gamma_1 ser_{tfig} + \gamma_2 tfp_{tfig} + \delta X + u_f + u_i + u_t + \varepsilon_{tfig} \qquad (6-8)$$

$$qua_{tfig} = \gamma_0 + \gamma_1 ser_{tfig} + \gamma_2 innov_{tfig} + \delta X + u_f + u_i + u_t + \varepsilon_{tfig} \qquad (6-9)$$

$$qua_{tfig} = \mu_0 + \mu_1 ser_{tfig} + \mu_2 tfp_{tfig} + \mu_3 innov_{tfig} + \delta X + u_f + u_i + u_t + \varepsilon_{tfig}$$
$$(6-10)$$

服务化对出口产品质量的作用机制检验结果如表6-6所示。

表6-6　　　　　　　　服务化对出口产品质量的作用机制检验结果

指标	qua	tfp	$innov$	qua	qua	qua
	(1)	(2)	(3)	(4)	(5)	(6)
ser	0.1062 ***	0.0484 ***	0.692 ***	0.0993 ***	0.1058 ***	0.0987 ***
	(3.72)	(13.17)	(32.09)	(3.48)	(3.71)	(3.46)
tfp				0.143 ***		0.143 ***
				(12.78)		(12.78)
$innov$					0.0005	0.0008
					(0.31)	(0.47)
控制变量	Y	Y	Y	Y	Y	Y
年份固定	Y	Y	Y	Y	Y	Y
企业固定	Y	Y	Y	Y	Y	Y
行业固定	Y	Y	Y	Y	Y	Y
N	519891	519891	519891	519891	519891	519891
R^2	0.374	0.809	0.455	0.374	0.374	0.374

注：*** 表示在1%的水平上显著；Y 表示控制了相应的固定效应。

表6-6第（1）列是基准回归方程的回归结果。从第（2）、第（3）列结果可知，制造业服务化对企业全要素生产率和创新效率具有积极的正向影响，并且影响显著，验证了假说6-3和假说6-4。从第（4）列结果来看，加入中介变量全要素生产率（tfp）之后，核心解释变量 ser 和中介变量 tfp 对产品质量的影响系数都为正向，并且十分显著。值得注意

的是，核心解释变量 *ser* 的回归系数较基准回归中系数下降了，这表明了 *tfp* 存在部分中介效用，这个结果验证了假说 6 - 1。而从第（5）列结果来看，加入中介变量创新效率（*innov*）之后，核心解释变量 *ser* 对产品质量的影响依然为正并且非常显著，但是 *innov* 对产品质量的影响虽为正，但并不显著，核心解释变量 *ser* 的回归系数较基准回归只是略微下降。遗憾的是，用依次检验法似乎无法直接验证创新效率的间接效应的显著性，而 Bootstrap 法的检验力度高于依次检验（MacKinnon et al.，2002）。所以，我们此时改用 Bootstrap 直接检验法来检验"$H_0 : \beta_1\gamma_2 = 0$"。这个方法适用于两个系数中至少有一个系数不显著的情形。通过检验，我们发现置信区间内不包含 0，所以系数乘积显著，即间接效应显著。至此，我们验证了假说 6 - 2。第（6）列将两个中介变量都加入方程，发现 *ser* 的系数依然显著为正，但是估计系数的大小较以上回归都略有下降，进一步证实了生产率和创新效率作为中介变量，能够传递制造业服务化对于产品质量升级的部分影响。

6.5 本章小结

本章从产品层面出发，采用事后推理的方法测算出口产品的质量，系统阐述了服务化对于出口产品质量的作用机制，并且进行了实证检验。第 6.1 节介绍了理论机制的构建。首先，借鉴哈拉克和西瓦达桑（2008）提出的质量最优选择模型来推导产品质量的决定因素，进而将生产率和生产能力作为影响产品质量的中介变量并提出研究假设；其次，从理论上具体阐释了服务化对于产品质量的具体作用机制。第 6.2 节主要介绍了出口产品质量的测算方法、变量的来源、说明和具体的处理细节。第 6.3 节采用多维面板数据的固定效应模型对于实证结果进行分析。首先，依次对年份、企业和行业固定效应进行了基准回归并对结果进行分析；其次，为了处理内生性问题选取了两个工具变量，采用两阶段最小二乘法（2SLS）进行回归，还替换了核心变量进行了稳健性检验；最后，基于企业的贸易方式、所有制形式、技术密集度以及所在区域的异质性特征进行了分组回归，进一步考察服务化对企业的产品质量的不同影响效应。第6.4节采用中介效应回归模型检验了服务化对于出口产品质量升级的具体作用机制，验证了前文的研究假设。

通过基准回归、稳健性检验和异质性回归，得出以下结论：制造业投入服务化能够显著提升出口产品质量，并且结果稳健。这种促进作用会由于贸易方式、企业性质、技术密集度和地域分布等企业的异质性特征呈现不同程度的影响：相对于一般贸易而言，制造业服务化对于加工贸易企业的出口产品质量提升效果更明显；国有企业相对于外商独资企业和私营企业平均作用效果更显著；相对于中、低技术企业，高技术企业的制造业服务化更加有利于促进出口产品质量的提升；中部地区比东部地区的平均作用效果更加明显，西部地区的作用效果并不显著。通过构建理论模型推导影响企业出口产品质量的两个决定因素，并将其作为中介变量分析制造业投入服务化对出口产品质量升级的作用机制。通过构建中介效应模型，验证以下命题：制造业投入服务化能够显著提升企业的生产效率和企业的创新效率；企业全要素生产率和创新效率作为部分中介变量，能够传导制造业服务化对出口产品质量升级的正向影响。

第 7 章

制造业投入服务化对贸易利益影响的
实证分析：国家—行业层面

　　贸易利益是一国从对外贸易中获得的好处，反映了贸易对一国福利的改善程度。国家或企业进行贸易的最终目标是为了获得贸易利益，并且提高贸易利益所得是贸易高质量发展的应有之义。随着分工的不断深化与全球价值链的逐步完善，我们不能单纯地再以出口规模来判断出口的利得，更重要的是要测算出口产品中的国内价值增值部分或者行业在全球价值链中的分工地位。传统的总值贸易指标已经不能真实地反映中国的贸易利得，只有聚焦出口国内附加值才能更精确地衡量参与全球价值链（globle value chain，GVC）真实的贸易利益（闫志俊和于津平，2019）。2000～2011 年中国制造业的出口规模跃升世界第一，但出口国内增加值的比重却处于世界较低水平（李小帆等，2019）。马等（Ma et al.，2015）研究发现中国企业出口的国内增加值率只有 59%。因此，提高出口国内增加值率是我国制造业实现贸易高质量发展的一个有效指征。近年来，在异质性企业假设下，关于中间投入如何影响一国经济的理论和政策研究成为一个研究热点，学者们已经对微观企业行为如何影响贸易利益进行了一些研究。

　　许和连等（2017）实证检验了制造业投入服务化对企业出口国内增加值率的影响机制，发现成本效应和技术创新是制造业投入服务化提升企业出口国内增加值率的可能渠道；中国制造业投入服务化与企业出口国内增加值率之间呈"U"型关系，其中对于一般贸易的影响显著为正，而对加工贸易和混合贸易企业产生"U"型效应。陈雪菲（2018）实证检验了不同类型的中间投入对出口国内增加值的影响效应，发现国内中间服务投入对出口国内增加值率的影响呈"U"型关系，国外中间服务投入的作用不显著；对低技术行业而言，国内服务投入对出口国内增加值率的影响呈"U"型关系，国外中间服务投入则产生抑制效应；对高技术行业而言，国内服务投入和国外服务投入均呈倒"U"型关系。龚静等（2019）利用2000～2006年制造企业微观数据进行实证检验，发现制造业服务化能够显著提升企业出口国内附加值率，并且在民营企业和一般贸易模式效果尤为明显；技术外溢效应与生产率效应是两个重要的作用途径。

7.1 理论模型：投入服务化与贸易利益

借鉴梅利兹和雷丁（Melitz & Redding，2015）的模型，研究了企业的异质性特征如何对贸易的福利产生影响，模型推导结果显示开放条件下的贸易福利要大于封闭条件下的贸易福利。结合 Melitz 理论，生产率高的企业更有可能参与出口，因此更高的生产率会引起贸易开放水平的进一步提升。本书认为服务化水平是引起生产率不同和企业异质性来源的一个重要因素，因此服务化水平也会影响到企业的贸易所得。

7.1.1 封闭条件下的贸易福利

假设存在一个连续的异质性企业系统，企业生产率 $\varphi \in (0, \varphi_{\max})$ 服从固定分布 $g(\varphi)$，$G(\varphi)$ 是 $g(\varphi)$ 的累积分布函数，企业进入生产的沉没成本为 f_e。劳动力是唯一的生产要素，生产涉及一个固定生产成本（f_d）和一个取决于生产率（φ）的不变的边际成本。因此，生产 $q(\varphi)$ 单位的产出需要的劳动力为：$l(\varphi) = f_d + q(\varphi)/\varphi$。消费者偏好函数是不变替代弹性函数（CES）形式，企业所生产的差异化产品间的替代弹性为 $\sigma > 1$。利润最大化条件推导出产品价格是边际成本的固定加成，企业的零利润生产率临界值（φ_d^A）可由利润最大化条件得到：

$$r_d(\varphi_d^A) = U\left(\frac{\sigma-1}{\sigma}P\varphi_d^A\right)^{\sigma-1}\omega^{1-\sigma} = \sigma\omega f_d \tag{7-1}$$

其中，r 表示收益，d 表示国内市场，上标 A 表示封闭状态下的均衡状态，U 表示总收益，P 表示 CES 总价格指数，ω 表示工资。假设总劳动供给为 L，则：

$$U = \omega L \tag{7-2}$$

结合式（7-1），自由进入国内市场的条件为：

$$f_d \int_{\varphi_d^A}^{\varphi_{max}} \left[\left(\frac{\varphi}{\varphi_d^A}\right)^{\sigma-1} - 1\right]\mathrm{d}G(\varphi) = f_e \tag{7-3}$$

由此可知，企业间的相对收益取决于相对生产率，左边随 φ_d^A 的增加而递减。由此，封闭条件下的福利水平可以写成：

$$W^A = \frac{\omega}{P} = \frac{\sigma-1}{\sigma}\left(\frac{L}{\sigma f_d}\right)^{\frac{1}{\sigma-1}}\varphi_d^A \tag{7-4}$$

7.1.2 开放条件下的贸易福利

假设贸易的两国是完全对称的，贸易成本由进入出口市场的固定成本 f_x 和冰山成本为代表的可变贸易成本组成，可变贸易成本 $\tau>1$。在开放条件下，国内企业的生产率临界值（φ_d^T）和出口企业的生产率临界值（φ_x^T）分别由利润最大化条件决定。

$$r_d(\varphi_d^T) = U\left(\frac{\sigma-1}{\sigma}P\varphi_d^T\right)^{\sigma-1}\omega^{1-\sigma} = \sigma\omega f_d \tag{7-5}$$

$$r_x(\varphi_x^T) = U\left(\frac{\sigma-1}{\sigma}P\varphi_x^T\right)^{\sigma-1}(\tau\omega)^{1-\sigma} = \sigma\omega f_x \tag{7-6}$$

其中，上标 T 表示开放状态下的均衡状态，下标 x 表示出口到国外市场。结合式（7-5）、式（7-6）可以得出：

$$\varphi_x^T = \tau\left(\frac{f_x}{f_d}\right)^{\frac{1}{\sigma-1}}\varphi_d^T \tag{7-7}$$

基于 Melitz 异质性企业理论，认为企业出口存在自选择效应，因此 $\varphi_d^T < \varphi_x^T$。基于式（7-7）可得企业自由进入出口市场的条件为：

$$f_d \int_{\varphi_d^T}^{\varphi_{max}} \left[\left(\frac{\varphi}{\varphi_d^T} \right)^{\sigma-1} - 1 \right] dG(\varphi) + f_x \int_{\varphi_x^T}^{\varphi_{max}} \left[\left(\frac{\varphi}{\varphi_x^T} \right)^{\sigma-1} - 1 \right] dG(\varphi) = f_e$$

$$(7-8)$$

假设不管在封闭状态还是开放状态，f_d 和 f_e 是不变的，$f_x > 0$，因此式（7-3）、式（7-8）左边相等，得到：

$$f_d \int_{\varphi_d^A}^{\varphi_{max}} \left[\left(\frac{\varphi}{\varphi_d^A} \right)^{\sigma-1} - 1 \right] dG(\varphi) = f_d \int_{\varphi_d^T}^{\varphi_{max}} \left[\left(\frac{\varphi}{\varphi_d^T} \right)^{\sigma-1} - 1 \right] dG(\varphi)$$

$$(7-9)$$

$$+ f_x \int_{\varphi_x^T}^{\varphi_{max}} \left[\left(\frac{\varphi}{\varphi_x^T} \right)^{\sigma-1} - 1 \right] dG(\varphi)$$

其中，左边随着 φ_d^A 的递增而减少，右边随着 φ_d^T 的递增而减少。为使两边相等，须有 $\varphi_d^T > \varphi_d^A$，即开放条件下的零利润生产率临界值大于封闭条件下的零利润生产率临界值。开放经济均衡条件下的福利水平为：

$$W^T = \frac{\omega}{P} = \frac{\sigma-1}{\sigma} \left(\frac{L}{\sigma f_d} \right)^{\frac{1}{\sigma-1}} \varphi_d^T \qquad (7-10)$$

由于 $\varphi_d^T > \varphi_d^A$，可得 $W^T > W^A$。

研究假说 7-1：由于出口企业的生产率水平高于非出口企业，那么在开放经济中比在封闭经济中可以获取更多的贸易利益。而投入服务化能够提升企业的生产率，导致更多的企业有机会参与出口。因此，企业服务化水平的提升在宏观层面上（国家或行业层面）也能够提升出口的贸易利益。

7.2 模型构建、指标测算和数据处理

7.2.1 模型构建

为考察制造业投入服务化对行业出口国内增加值率的影响，构建

模型：

$$EDVAR_{tgs} = \partial_0 + \partial_1 SER + \gamma X + \mu_t + \mu_g + \mu_s + \varepsilon_{tgs} \qquad (7-11)$$

其中，t、g 和 s 分别表示年份、国家和行业，μ_t、μ_g 和 μ_s 分别表示年份、国家和行业固定效应，$EDVAR$ 代表行业出口国内增加值率，SER 表示制造业投入服务化水平，X 表示控制变量集。

7.2.2 指标测算、选取及数据来源

1. 核心被解释变量（$EDVAR$）的测算

关于行业出口国内增加值率（$EDVAR$）的具体测算方法参照本书第 3.4.1 节内容。

2. 控制变量的选取

本部分的控制变量数据全部来源于 2016 年发布的 WIOD 社会经济账户（SEA），所有的数据均可直接获得。我们选取的行业变量包括：行业资本规模，以资本存量的对数（$\ln K$）来表示；行业人员投入，以雇佣人员的对数（$\ln L$）表示；行业的成长性，以行业中间投入的对数（$\ln INPUT$）表示；行业规模，以行业总产值的对数（$\ln GO$）表示。其中，$\ln K$、$\ln INPUT$ 和 $\ln GO$ 三个指标都采用 2010 年的价格指数进行了平减。

7.3 实证结果分析

7.3.1 基准回归分析

表 7-1 报告了基准回归的结果。其中，第（1）列是控制了年份和国家的固定效应，未加入控制变量的回归结果，结果显示制造业投入服务化对行业出口国内增加值率（$EDVAR$）的影响系数为 0.272，并且达到

1%的显著性水平；第（2）列仍未加入控制变量，但是加入了行业固定效应，影响系数的大小略微下降，但方向和显著性都没改变；第（3）列是控制了年份、国家固定效应，且加入了所有的控制变量，结果显示制造业投入服务化对于 *EDVAR* 的影响系数依然显著为正（0.213）；第（4）列是控制了行业固定效应，且加入所有控制变量，影响系数进一步下降，但方向和显著性都没改变。基准回归的结果证实了制造业投入服务化对于 *EDVAR* 提升有显著的促进作用。

表 7－1　　服务化对出口产品国内增加值率（*EDVAR*）的基准回归结果

指标	*EDVAR*	*EDVAR*	*EDVAR*	*EDVAR*
	（1）	（2）	（3）	（4）
ser	0.272 *** (9.59)	0.186 *** (6.46)	0.213 *** (7.30)	0.165 *** (5.42)
ln*K*			0.0534 *** (12.06)	0.0473 *** (9.88)
ln*L*			0.0513 *** (12.36)	0.0635 *** (10.46)
ln*INPUT*			0.0753 *** (11.69)	0.0654 *** (9.28)
ln*GO*			－0.127 *** （－21.67）	－0.112 *** （－15.15）
cons	0.543 *** (41.09)	0.582 *** (43.44)	0.365 *** (21.37)	0.307 *** (15.69)
年份固定	Y	Y	Y	Y
国家固定	Y	Y	Y	Y
行业固定	N	Y	N	Y
N	11610	11610	11610	11610
R^2	0.104	0.147	0.178	0.197

注：*** 表示在1%的水平上显著；Y 表示控制了相应的固定效应，N 表示没有控制。

控制变量中，资本存量（ln*K*）对于行业 *EDVAR* 的影响系数在1%的水平上显著为正，结果符合预期。因为资本存量增加有助于实现规模经济，提升生产效率，进而提升出口国内增加值；劳动力投入（lnL）对行业 *EDVAR* 的影响系数也显著为正，这可能是因为随着劳动力素质的不断提高，增加人力资本的投入可以显著提升企业的生产效率和创新效率，进而可以提升贸易所得；中间投入（ln*INPUT*）能够显著提升行业 *ED-VAR*，因为行业中间品的投入构成了行业增加值的基础来源；但是，行业规模（ln*GO*）对于 *EDVAR* 的影响却显著为负，这可能是由于行业规模较大的部门，其出口体量也会更大，反而会造成国内增加值占比相应减少。

7.3.2 稳健性检验

为了进一步确保基准回归结果的可靠性，表 7 - 2 进行了三个方面的稳健性检验。

表 7 - 2　　　　服务化对 *EDVAR* 回归结果的稳健性检验

指标	VAX_Fs	EDVAR	2SLS
	(1)	(2)	(3)
ser	0.937 *** (14.00)	0.158 *** (5.07)	
ser_lag			0.143 *** (4.51)
ln*K*	0.157 *** (14.84)	0.0411 *** (8.41)	0.0472 *** (9.18)
ln*L*	0.206 *** (15.36)	0.0728 *** (11.23)	0.0641 *** (9.70)
ln*INPUT*	− 0.00840 （− 0.54）	0.0635 *** (8.82)	0.0650 *** (8.72)
ln*GO*	− 0.385 *** （− 23.48）	− 0.113 *** （− 15.00）	− 0.111 *** （− 14.20）
cons	0.225 *** (5.20)	0.296 *** (14.94)	0.306 *** (14.53)

指标	VAX_Fs	EDVAR	2SLS
	(1)	(2)	(3)
年份固定	Y	Y	Y
国家固定	Y	Y	Y
行业固定	Y	Y	Y
年份与国家	N	Y	N
年份与行业	N	Y	N
N	11610	11610	10836
R^2	0.240	0.271	0.189

注：*** 表示在1%的水平上显著；Y 表示控制了相应的固定效应，N 表示没有控制。

1. 替换因变量

我们将基于后向产业关联的增加值出口 DVA 替换成对应的基于前向关联的增加值出口 VAX_F，可以从另一个视角来检验结论的稳健性。它衡量的是一个国家—部门的总出口能够创造多少国内增加值，而这些增加值最终会被其他国家吸收。因为 VAX_F 所涉及的间接增加值出口并不包含在其本身出口之中（增加值出口与总值出口的比重上限不为1），我们用 VAX_F/SVA 作为被解释变量代入方程，SVA 是指部门增加值。这个指标的上限为1，因为一个国家—部门的增加值出口总是小于部门总增加值（SVA）。因此，基于前向关联的增加值出口比率（VAX_Fs）计算公式为：

$$VAX\_Fs = \frac{VAX\_F}{SVA} = \frac{\hat{V}^s \sum_t^G B^{st} \sum_{r \neq s}^G Y^{tr}}{SVA} \qquad (7-12)$$

回归结果如表7-2第（1）列所示，我们发现制造业投入服务化对于增加值出口比率的影响系数为0.937，并且在1%的水平上显著为正，结果与基准回归保持一致。

2. 加大固定效应的约束力度

表7-2第（2）列是加入了年份与国家、年份与行业固定效应的交

互项，控制了更多不可观测的因素，结果显示制造业投入服务化对 *ED-VAR* 产生了显著的正向效应，回归结果稳健。

3. 内生性处理

为了提升出口国内增加值率，企业有可能通过增加高端服务要素投入等服务化战略来寻求更高的生产效率，因此核心变量之间也会存在反向因果的关系。为了降低内生性偏误，我们选择制造业服务化水平的滞后一期作为工具变量进行两阶段最小二乘估计（2SLS）。由于制造业服务化水平存在时间上的连续性和经验上的累积性，上一年的服务化战略必会直接影响其后一年服务化水平，但又不会影响当年的增加值出口，因此符合工具变量的两个特性。回归结果如表 7 - 2 中第（3）列所示，制造业投入服务化对于 *EDVAR* 的影响系数为 0.143，并且在 1% 的水平上显著为正。由此可见，排除了内生性问题后，回归结果依然稳健。

7.3.3 分组异质性回归分析

1. 行业异质性

根据行业技术密集度不同，我们将制造业分为低技术、中技术和高技术制造业，进而考察不同技术类别制造业服务化水平对于 *EDVAR* 的不同影响效果。表 7 - 3 第（1）列至第（3）列分别显示低、中、高技术密集型制造业的服务化水平对于 *EDVAR* 的影响。我们发现，中技术和高技术制造业的影响系数都在 1% 的显著性水平上为正，与基准回归一致；而低技术行业的影响系数为正，但结果并不显著；此外，高技术行业的影响系数大于中、低技术行业。这可能是由于高技术制造行业所投入的多为更加高端知识密集型服务要素，其生产率促进效应相对于中低技术行业更加强烈，进而能够更加有效地促进贸易利益的提高。

表 7 - 3　　　　　　　　技术密集度和国家收入水平的分组回归结果

指标	技术密集度			国家收入水平		
	低技术	中技术	高技术	中低收入	中高收入	高收入
	(1)	(2)	(3)	(4)	(5)	(6)
ser	0.145 (1.53)	0.149 *** (8.20)	0.280 *** (4.35)	0.514 *** (11.33)	0.205 (1.19)	0.0398 (1.49)
ln*K*	0.0478 *** (3.80)	0.0530 *** (15.21)	0.0672 *** (7.02)	0.0143 *** (5.50)	0.0294 (1.54)	0.0467 *** (8.61)
ln*L*	0.0174 (1.11)	0.0702 *** (17.93)	0.0766 *** (6.30)	0.0230 *** (3.96)	0.0191 (0.78)	0.0465 *** (7.23)
ln*INPUT*	0.113 *** (3.22)	0.0338 *** (10.27)	0.156 *** (8.87)	0.229 *** (20.09)	0.0382 * (1.79)	0.0752 *** (10.48)
ln*GO*	− 0.0970 *** (− 2.66)	− 0.0971 *** (− 26.60)	− 0.227 *** (− 12.15)	− 0.286 *** (− 23.86)	0.0128 (0.41)	− 0.143 *** (− 20.40)
cons	0.357 *** (6.27)	0.268 *** (19.53)	0.307 *** (9.76)	1.206 *** (23.23)	0.0632 (1.02)	0.580 *** (23.98)
年份固定	Y	Y	Y	Y	Y	Y
国家固定	Y	Y	Y	Y	Y	Y
行业固定	Y	Y	Y	Y	Y	Y
N	3870	3225	4515	540	1890	9180
R^2	0.134	0.690	0.181	0.809	0.171	0.253

注：*** 、* 分别表示在 1%、10% 的水平上显著；Y 表示控制了相应的固定效应。

2. 国别异质性①

按照世界银行 2019 年的新的划分标准，我们将 WIOD 中 43 个国家划分为中低收入国家（2 个）、中高收入国家（7 个）和高收入国家（34 个），进而考察不同收入等级国家中制造业投入服务化对于 *EDVAR* 的

---

① 根据 2019 年 7 月世界银行发布的新标准，按照人均国民总收入（GNI）将全世界各个国家划分为：低收入国家（ < 1025 美元）、中低收入国家（1026 ~ 3995 美元）、中高收入国家（3996 ~ 12375 美元）和高收入国家（ > 12375 美元）四个类别。

影响。表 7-3 报告了回归结果，第（4）列至第（6）列结果显示，所有国家的服务化水平都对 EDVAR 产生了正向影响，但中低收入国家的影响系数显著为正，而中高收入和高收入国家的回归结果却不显著。不管从系数大小还是显著性方面来看，中低收入国家相对于其他两类经济体（中高收入国家和高收入国家）都表现出更加强势的作用效果，这可能是由于中低收入国家的制造业生产效率本身比较低下，由于其后发优势，服务要素投入对生产率的促进效应要更强。

7.3.4　进一步讨论：异质性服务投入的不同效应分析

如果从贸易利益这一经济属性来衡量制造业在全球价值链中的分工地位，那么剥离制造业服务化过程中国外服务要素的贡献，对于正确评估制造业在全球价值链中的真实分工地位就显得非常必要。因此，根据服务要素来源的不同，我们从国内（domser）和国外（forser）服务化水平两方面来考察制造业服务化对于出口国内增加值率的影响效果，结果如表 7-4 所示。正是因为存在国内服务要素和国外服务要素的国家属性差别，所以要素收益的国家属性同样也必须有所区分（戴翔等，2019）。表 7-4 第（1）列显示了国内投入服务化水平对 EDVAR 的影响系数为 0.466，并且回归结果在 1% 水平上显著；而国外投入的服务化水平对于 EDVAR 的影响系数为 -0.994，回归结果也在 1% 的水平上显著。这说明国内投入的服务要素能够提升行业出口竞争力，而国外投入的服务要素却能够显著地降低制造行业的贸易利益。从全球国家—行业的视角来进行解释，这可能是由于国外服务要素的投入使得一国对于全球价值链的控制和主导也出现了国别差异，贸易利益的获取方式和标准也要发生改变。如果国外服务要素存在着稀缺性或者国外服务要素质量优于国内，那么价值链就会被国外生产性服务所主导，而国内制造业生产环节会遭受来自"链主"的俘获效应或者"低端锁定"效应，由此而形成的利益分配关系也会相应地向国外服务要素提供者倾斜。

表 7 - 4　　　　　　　　　服务投入异质的不同作用效果

指标	EDVAR (1)	EDVAR (2)	EDVAR (3)	EDVAR (4)	EDVAR (5)	EDVAR (6)
domser	0.466 *** (14.35)					
forser		-0.994 *** (-16.12)				
markt			0.304 *** (4.57)			
trans				0.270 *** (4.35)		
fina					0.481 ** (2.48)	
infor						0.613 * (1.77)
控制变量	Y	Y	Y	Y	Y	Y
年份固定	Y	Y	Y	Y	Y	Y
国家固定	Y	Y	Y	Y	Y	Y
行业固定	Y	Y	Y	Y	Y	Y
N	11610	11610	11610	11610	11610	11610
R^2	0.209	0.212	0.196	0.196	0.195	0.195

注：***、**、* 分别表示在1%、5%、10%的水平上显著；Y 表示控制了相应的固定效应。

根据服务要素特性的不同，从分销服务化、运输服务化、金融服务化和信息服务化四个方面来探讨不同服务要素投入对于出口国内增加值率的影响，结果如表 7 - 4 第（3）列至第（6）列所示。分销服务化(markt)和运输服务化(trans)对出口国内增加值率的影响都在 1% 的水平上显著为正；金融服务化(fina)对 EDVAR 的影响在 5% 的水平上显著为正；信息服务化(infor)对 EDVAR 的影响在 10% 的水平上显著为正。所有的结果都显示服务化水平的提高能够提升制造业出口的贸易利益。

7.4　本章小结

本章从国家—行业层面重点考察了制造业投入服务化对于出口贸易利得的影响，以行业出口的国内增加值来衡量出口贸易利得，进而检验行业服务化水平对于贸易利益的影响效应。第 7.1 节参考了梅利兹和雷丁(2015)的模型，推演了企业的异质性如何对贸易的福利产生影响。第 7.2 节进行了模型构建和指标测算，重点计算了行业出口国内增加值率，测算是基于王直等(2015)提出的双边贸易流分解框架，进一步计算得出各个国家—部门的增加值出口(DVA)。第 7.3 节是实证部分的结果分析，首先，进行了基准回归结果的分析；其次，通过替换指标、加大固定效应约束和工具变量选取进行了稳健性检验；再次，根据行业技术密集度和国家收入水平的不同进行了分组异质性回归，检验了不同的影响效应；最后，根据服务来源(国内和国外)以及服务属性的不同进行了服务投入异质性的分析，来拓展研究范畴。

基准回归的结果显示：在控制了时间、年份和国家的固定效应之后，制造业投入服务化水平能够显著提升出口国内增加值率。稳健性检验的结果与基准回归一致。通过分组异质性回归分析，结果显示：中、高技术制造业服务化水平对于 $EDVAR$ 的影响在 1% 的水平上显著为正，而低技术行业的影响系数为正，但结果并不显著；所有国家的服务化水平都对 $EDVAR$ 产生了正向影响，但中低收入国家的影响系数显著为正，而中高收入国家和高收入国家的回归结果却不显著。通过进一步的拓展分析发现：国内投入服务化水平对 $EDVAR$ 的影响显著为正，而国外投入的服务化水平对于 $EDVAR$ 的影响显著为负；分销服务化和运输服务化对出口国内增加值率的影响都在 1% 的水平上显著为正；金融服务化对 $EDVAR$ 的影响在 5% 的水平上显著为正；信息服务化对 $EDVAR$ 的影响在 10% 的水平上显著为正。

第8章

结论、政策建议与展望

8.1 主要结论

8.1.1 制造业投入服务化与出口贸易的典型特征事实

1. 关于制造业投入服务化发展的典型事实

本书用完全消耗系数测算的服务化水平来分析我国制造业服务化水平的发展现状与趋势。分部门来看，高技术制造业的服务化水平较高，而低技术制造业的服务化水平较低；从国内和国外服务投入的相对比例来看，国内服务要素更加侧重于投向低技术制造业部门，而国外服务要素侧重于投入我国中高技术制造业部门；从时间发展趋势来看，2000 ~ 2014 年我国制造业总服务化水平和国内服务化水平整体呈现"U"型，国外服务化水平整体呈现倒"U"型；将异质性服务的投入水平进行对比，发现我国制造业总体上呈现分销服务化水平 > 运输服务化水平 > 金融服务化水平 > 信息服务化水平的情形；选取几个典型国别进行对比，发现德国的总服务化水平达到最高（0.53），其次为美国（0.41）、中国（0.38）、印度（0.36）和日本（0.34）。①

---

① 作者根据 WIOD 数据库自行计算。

2. 关于制造业总体出口规模和出口二元边际的典型事实

从制造业整体出口的情况来看，2000～2017年中国制造业贸易总额总体呈现阶梯状上升的发展趋势；从年增长率的发展趋势来看，制造业出口的形势波动较大，与全球经济发展形势和国际贸易局势紧密相关；中国制造业总体出口的三元边际分解结果显示，扩展边际对于贸易增长的影响大于集约边际。贸易份额总体呈现波动下降的趋势，扩展边际呈现波动下降的趋势，价格边际呈现略微上升的态势，数量边际呈现波动下降的态势。总体而言，扩展边际对于贸易份额下降的影响最大，其次是数量边际，价格边际反而能在一定程度上抑制贸易份额的下降；中国轻工业制品出口的三元边际分解结果显示，就贸易份额而言，中国轻工业制品出口的份额比总体制造业出口的份额占比要高，不过总体上也呈现出衰减的趋势；轻工业制品出口的价格与世界平均水平相比优势在减弱，但是出口数量较世界而言，却有着更多的竞争优势。

3. 关于中国制造业出口产品质量的典型事实

总体而言，2007～2013年中国制造业的出口产品质量呈现出"降—升—降"的发展趋势。按照企业性质来看，外商独资企业出口的产品质量有较大优势；按照行业技术含量划分，高技术行业出口产品质量高于中技术行业，中技术行业又高于低技术行业；按照贸易方式划分，以加工贸易方式出口的产品质量高于一般贸易；按照出口来源地划分，2008～2010年中部地区出口产品质量较东部、西部地区有优势，2010～2013年东部地区产品质量最高，而西部地区慢慢超过中部地区，具备了一定的赶超优势。

4. 关于出口国内增加值率的典型事实

总体而言，2000～2014年中国制造业行业出口国内增加值率呈现"W"状的发展态势，2000～2004年呈下降态势，2001年 $EDVAR$ 达到最大值为0.81，2004～2007年，中国制造业的 $EDVAR$ 呈现比较平稳的发展态势，基本处于0.73的水平，2007～2009年，$EDVAR$ 又呈现上升态势；分部门来看，低技术行业出口国内增加值率最高，而高技术行业的出口国内增加值率最低。2014 年，我国制造业的出口国内增加值率已达到79%，高于美国（73.6%）和日本（72.4%），说明我国制造业出口中所包含的直接和间接增加值出口已处于相对较高的水平。[①]

8.1.2 制造业投入服务化对企业出口行为的影响

1. 关于制造业投入服务化对于企业出口决策的影响

本书选定了面板 Logit 模型进行回归分析，结果发现，企业服务化水平的上升能够显著提升企业的出口概率，当企业服务化水平增加 1% 时，企业出口的概率增加 4.8%；生产率作为部分中介变量，能够传导服务化水平对于企业出口概率的正向影响。

2. 关于制造业投入服务化对于出口二元边际的影响

本书选择 Heckman 两阶段模型进行样本选择偏差的修正，结果发现，服务化水平能够显著提升企业出口的扩展边际；服务化水平对于价格边际的影响为正，对于数量边际的影响为负，但正向效应大于负向效应，因此对于集约边际的总体效应为正。

8.1.3 制造业投入服务化对出口产品质量的影响

首先，采用多维面板数据固定效应模型进行了基准回归，结果显示，依次固定了年份、企业和行业固定效应之后，制造业投入服务化水平的提升能够显著促进出口产品的质量升级，稳健性检验的结果与基准回归的结果一致。其次，基于企业的贸易方式、所有制形式、技术密集度以及所在区域的异质性特征进行了分组回归，结果显示，相对于一般贸易而言，制造业服务化对于加工贸易企业的出口产品质量提升效果更明显；国有企业相对于外商独资企业和私营企业平均作用效果更显著；相对于

---

① 作者根据 WIOD 数据库自行计算。

中低技术企业，高技术企业的制造业服务化更加有利于促进出口产品质量的提升；中部地区比东部地区的平均作用效果更加明显，西部地区的作用效果并不显著。最后，通过构建中介效应模型，验证了以下命题：制造业投入服务化能够显著提升企业的生产效率和企业的创新效率；企业全要素生产率和创新效率作为部分中介变量，能够传导制造业服务化对出口产品质量升级的正向影响。

8.1.4　制造业投入服务化对出口贸易利益的影响

首先，本书使用多维面板固定效应模型进行了基准回归，结果显示，在控制了时间、年份和国家的固定效应之后，制造业投入服务化水平能够显著提升出口国内增加值率，稳健性检验的结果与基准回归一致。其次，通过分组异质性回归分析，结果显示，中、高技术制造业服务化水平对于 $EDVAR$ 的影响在 1% 的水平上显著为正，低技术行业的影响系数为正，但结果并不显著；所有国家的服务化水平都对 $EDVAR$ 产生了正向影响，中低收入国家的影响系数显著为正，而中高收入和高收入国家的回归结果却不显著。最后，通过进一步的拓展分析发现，国内投入服务化水平对 $EDVAR$ 的影响上显著为正，而国外投入的服务化水平对于 $EDVAR$ 的影响显著为负；分销服务化和运输服务化对出口国内增加值率的影响都在 1% 的水平上显著为正；金融服务化对 $EDVAR$ 的影响在 5% 的水平上显著为正；信息服务化对 $EDVAR$ 的影响在 10% 的水平上显著为正。

8.2　政策建议

8.2.1　产品层面：注入高端要素优化产品质量，致力于提升出口产品附加值

推进贸易高质量发展离不开高质量的出口产品，只有出口优质的产

品才能带来差异化的竞争优势，抢占国际上更多高端市场份额。通过实证分析得出结论：企业的服务化战略能够通过创新效应提升出口产品质量，而出口产品质量可以通过价格优势进而提升产品的附加值。通过二元边际分析，我国轻工业制品在世界上仍然是以数量取胜，所获附加值较低，而我国目前绝大部分产品出口都属于这种情形。因此，从产品层面来看，应通过投入高端的服务要素来优化产品质量，提升产品附加值，从而获得竞争优势。

1. 重视生产与服务创新，提升产品内涵价值

实践经验显示，即使使用相同的原料以及相近的生产线，国内企业生产出的产品往往只能处于中、低端水平，并且原料和能源的消耗水平都要显著高于国外。由此看来，生产过程的创新能力尤其关键，为实现产品的高端化和差异化提供了可能性。随着传统的工业体系与互联网的深度融合，生产的工艺和流程得以快速改造和升级。借助于互联网和大数据分析，制造业可以实现大批量和定制化的生产，标准化生产的一部分市场正逐渐被定制化取代。定制化生产可以规避对于终端市场的错误判断，将产品选择权转至消费者，根据顾客的个性化需求进行加工生产，但产品的核心功能却不会出现颠覆性的变化。企业要为顾客开辟定制服务的线上平台，将其作为信息交流和反馈的窗口；还要建立企业信息管理中心，根据用户的最终需求，实现从设计到生产到服务的信息传达和资源配置。此外，传统生产线要向规模定制的生产线转型，需要在原材料供应、库存管理、现金流控制、管理决策等环节都进行弹性化的转型，以此应对灵活的定制化产品需求。

在现代制造业中，并非只有生产环节存在创新活动，许多创新活动来源于研发、营销和售后服务等其他环节。服务创新是制造企业围绕服务生产要素开展的创新活动，是提升企业核心竞争力、推进服务化战略实施的重要手段。服务部门中的创新活动大多是无形的，创新成果也不是有形的实物，而是解决问题的一个个新概念或新方法。很多服务部门的创新活动并不是由生产要素，如技术水平来推动和产生的。服务部门

本身就可以产生多种多样的创新活动，非技术要素在服务创新中占有重要地位。举例来讲，服务创新其中一个维度为顾客界面设计，包括服务提供的方式以及与顾客间的交流方式。顾客属于服务生产不可或缺的一部分，特别是在面向最终顾客的服务提供中。服务提供者与顾客间的交流和信息反馈已成为创新的一个主要来源。[①] 服务创新的目的是尽可能即时和精确地获取企业实际用户和潜在用户的大量信息，根据消费者的偏好对于产品进行针对性地研发和设计，能够在很大程度上提升消费者的满意度。

2. 加强民族品牌培育，提升出口产品形象

在经济新常态和供给侧结构性改革的大背景下，品牌建设已成为满足不断升级的国内外消费者需求的重要法宝。因此，打造知名民族品牌，以高质量的产品承载产品的价值，进而提升品牌价值成为我国制造业获取国际竞争力的有效路径。

首先，培育民族品牌要以创新为核心。企业要意识到自主创新的重要性，持续不断地投入资金、设备和人力资本，着力构建自身的研发创新体系，不断以新技术、新产品、新业态打造品牌美誉度。其次，品牌培育要以专业化作为后盾，专注于具有竞争优势的特定行业和领域来进行产品的研制或服务的供给。产品要想保持长久的竞争力和品牌效应，需要源源不断地投入各种资源来维持已有地位，抵御外部的竞争，多元化经营会分散企业的核心优势。最后，国家要采取各种形式来支持外贸产品的品牌宣传，特别是境外的宣传，改变国外消费者对中国产品的固化认知。一方面，可以支持国内大型超市和知名卖场走出去，让其成为外贸产品销售的一个主要渠道；另一方面，可以组织策划中国国际进出口博览会，打造一批境外自主品牌展销。品牌培育可以推动我国外贸竞争优势由要素驱动的成本和价格优势，向创新驱动的综合竞争优势转变，进一步打造中国制造业的技术、品牌、质量、服务、标准在外贸竞争优

145

---

① 蔺雷，吴贵生. 服务创新的四维度模型 [J]. 数量经济技术经济研究，2004 (3)：32 – 37.

势中的核心地位。

8.2.2　企业层面：利用自身优势进行服务化转型，致力于提升企业生产率

通过理论分析和实证检验，服务化战略能够提升企业的生产效率和生产能力。因此，应鼓励具备条件的企业积极布局服务化战略，但是要根据企业的具体异质性特征进行考虑。另外，企业若想提升生产能力，必须要具备一定的自主创新能力，通过研发创新来支撑企业的长期发展。实证检验的结果显示，高技术制造行业的服务化战略对于产品质量和贸易福利的促进作用最强；国有企业相对私营企业和外资企业，服务化水平的质量促进效应最强；中部地区相对东、西部地区企业，服务化水平的质量促进效应最强。

1. 根据自身的异质性特征制定合理的服务化战略

制造业可以通过运输服务化、分销服务化、金融服务化和信息服务化等生产性服务投入提升企业的生产率，有条件的企业应加强服务化意识，顺应自身的资源禀赋，有针对性地加大服务要素投入，实现服务化转型，将服务作为新的利润增长点向价值链两端延伸。

首先，优先推动高技术制造行业的服务化战略实施。高技术制造业对于生产管理、技术创新和人力资源等的要求都相对较高，利润创造能力也比传统制造业要强，实践中这类制造业也是作为服务化的领头行业，大多数属于国有企业性质。那么，只有优先推动高技术制造业的服务化，才能为传统型制造业的服务化提供宝贵的经验借鉴，形成良好的示范效应。其次，实施服务化战略的过程中要考虑企业的异质性特征。规模小、实力弱的企业可以选择将非核心服务业务进行外包，防止小企业由于资金、配套方面力不从心而陷入"服务化—利润陷阱"。小企业应重点关注后端营销环节的服务类型，不适宜开展周期长、风险大的前端研发设计活动。大型国有企业可以将高附加值的服务环节作为核心业务或优势环

节回收到企业内部，一方面可以对资源和要素进行最优化配置和整合，另一方面也可以形成差异化的竞争优势，有利于实现企业的战略性转型。另外，大型企业应着眼于企业的长远战略，积极投身研发、品牌和售后等高附加值环节；对于高技术企业而言，需要通过持续的技术研发投入打造行业内高精尖的产品优势；而对于中、低技术企业，可能还需要在金融服务、人力资本、信息和科技服务方面加大投入，提高服务要素的渗透率；对于不同地域的企业而言，服务化战略也要因地制宜，兼顾东、西部平衡。需要打破地域之间固有的行政性壁垒，促进服务要素跨区域自由流动，引导要素向配置效率更高的地方转移，注重区域间的协作和互动。

2. 提升企业自主创新能力，不断优化生产能力

制造业要想在市场上始终保持优势地位，除了要注重提升服务化意识外，更要打造自身的核心硬实力。技术创新能力作为企业的内生发展要素，是塑造企业核心竞争力的关键。提升企业自主创新能力，要从以下三个方面着手。

第一，加大创新资金的投入力度。通过建立"一主二辅"的多元投资体系，即以企业自身投入为主、金融投资与政府投资为辅，实现科研资金及时有效的供给。首先，企业本身要将科研资金作为一项惯例性支出，每年拿出收入水平的固定比例资金来进行研发投入。其次，加强金融机构对科研活动的支持力度。改善技术创新的融资环境，鼓励商业银行加大对制造业技术创新贷款的发放力度，健全信贷担保体系。最后，政府要加大对企业技术创新的支持力度，加强财政对创新活动的投入，积极引导企业成为技术创新的主体。政府还可以设立科研专项资金，符合条件的企业可以参与申请。第二，加大对于技术创新人才的引进力度。服务化战略对于企业人力资源提出了更高的要求，需要专业化的人才辅助进行。首先，企业要意识到科技人才的重要性。在人才引进方面，可以提供丰厚的待遇，制定优待政策为其解决生活方面的后顾之忧；在晋升方面，努力打造层次分明、结构合理的晋升渠道。其次，企业通过校企合作建立产学研技术创新平台。企业可以与高校联合培养专业对口、

具有较强技能的复合型专业人才，为制造业企业科技创新提供创新储备力量。最后，企业也可以通过内部培训或员工再教育提升员工的技术水平。第三，加强技术引进和吸收的能力。经济一体化背景下，国内很多企业积极参与全球价值链，由于大多数企业涉及加工装配环节，导致出口国内增加值率较低。由于西方国家的技术俘获效应，国内企业很难获得核心的研发、设计要领，容易陷入"低端锁定"困境。因此，企业需要通过国外的技术扩散和示范效应等途径来借鉴和学习国外的先进技术和经验，提升对中间品技术溢出的消化吸收能力，并努力向价值链上下游环节转移。当然，这需要企业加强科研投入的顶层设计，并在此基础上构建核心技术研发体系。

8.2.3　行业层面：促进制造业与服务业的有效融合，致力于制造业转型升级

我国生产性服务业与制造业的协调发展是促进产业结构升级的关键，与发达国家相比，两者仍然存在协调效率低下的问题。因此，如何在制度设计层面上为两者营造一种共生发展的大环境，是解决这个问题的根本。政府层面可以出台相关政策促进产业的关联效应，营造有利于服务业与制造业共生发展的政策环境，保障制造企业服务化战略的顺利实施，最终实现制造业的转型升级。

1. 营造制造业与服务业融合的共生环境，提高服务化的效率

第一，政府可以为制造企业的服务化提供政策激励。首先，政府可以提供专项资金扶持。设置相应的评选标准，确保优质企业可以获取可靠的发展资金来进行服务化的延伸和拓展。其次，制造企业进行服务化业务延伸时，可以享受一定的税收优惠。这个政策可为制造企业降低实际税负，减少企业服务化转型的阵痛。例如，企业开展研发设计、技术转让、技术咨询、融资租赁、品牌宣传、售后服务等活动时，政府按营收的一定比例设置税收和出口退税优惠。最后，政府可以在公共服务资

源的配置上为制造企业提供更多的便利。第二，优化产业布局，提高生产性服务业集聚程度。产业集聚水平的提高可以增强生产性服务业的外部经济效应，是生产性服务业获取竞争优势的重要来源。首先，应完善配套基础设施建设，包括交通、通信、金融和商贸等领域。其次，政府应以自身城市的规模和发展程度为依据，确立生产性服务业与制造业的优先发展顺序。对于大城市而言，应凸显生产性服务业的集聚发展，带动当地制造业结构的升级；对于中小城市而言，则需要提高制造业的产业集聚程度，从而能够引发生产性服务业的产业集聚。无论如何，都需要建设一批产业集聚园区，增强两者在空间上的互动。最后，引导和建立行业发展协会。在制造业服务化的进程中，行业协会在行业总体战略规划、行业规章制度、国际经济的交流与合作等方面都可以发挥积极的推动作用。政府可以依托行业中的龙头企业，运用财务杠杆来引导和建立行业发展协会。通过行业协会构建高效的信息共享系统，充分利用信息开放和共享的成果。除此之外，政府应重点引导创意设计、知识产权、商务服务、法律咨询、物流及相关制造业行业协会的发展，充分发挥各个行业的知识向导作用，推动服务战略顺利实施。

2. 培植本土生产性服务业，打造外贸竞争新优势

本书的实证结果显示，国内服务化水平能提升出口贸易利得，而国外服务化水平反而会抑制贸易利益的获得。因此，我国不能过度依赖国外的技术转移，应该打造自身的服务提供体系，提升贸易的福利。要培育具有全球影响力和竞争力的先进制造业，国内服务要素也必须具备全球竞争优势。因此，要着力培植和发展国内生产性服务业，推进先进制造业与生产性服务业的深度融合，以高端化、专业化的生产性服务业来支持先进制造业高质量发展。

首先，要以制造业高端化和数字化改造需求为抓手，推进生产性服务业供给侧结构性改革，增加生产性服务业的有效供给，稳步提升生产性服务业在产业结构中的比重。其次，在发展方向上，在提升传统的信息服务、现代物流、金融服务的基础上，重点加快创意设计、科技服务、

商务服务、检验检测服务、节能环保服务、数字贸易等领域的发展，形成特色鲜明、门类齐全和协同发展的生产性服务体系，助推制造业的高水平发展。再次，为了提高本土生产性服务业的竞争力，要积极吸收国外先进的服务理念和技术，充分利用优质服务供应商的知识溢出效应，从而为制造业嵌入更多更高效的高级要素来支撑中国制造业转型升级。最后，为了培育本土生产性服务业的竞争力，还要促进劳动资源的合理配置，保证劳动要素的流动性，提高劳动力的素质，从而通过劳动力的配置和结构效应来实现制造业的高质量发展。

8.2.4 国家层面：打造产业与贸易协同创新平台，致力于全球价值链地位攀升

1. 助力平台建设，形成政策集聚优势

平台建设能够为产业和贸易的共同发展搭建一个桥梁，可以促进两者的良性互动，加强二者的相互支撑作用。国内实践中所涉及的平台主要有：外贸转型升级基地建设、贸易促进平台建设、国际营销体系建设、外贸公共服务平台建设和跨境物流体系建设等。各种平台的运行都具有政策叠加的效应，可以充分发挥各种政策的集聚效应。

首先，依托各类产业集聚区，培育一批创新驱动主导、集聚效应明显和服务体系完善的园区。推进国家级新区、经济技术开发区和海关特殊监管区域等各类平台的建设。政府有关部门做好政策规划和引导，引进高水平投资，鼓励对口的国内外企业进入园区。其次，构建开放、协同和高效的共性技术研发平台，不断强化制造业创新对贸易的支撑作用。注重原始创新和集成创新，充分利用多边和双边合作机制，加强技术交流与合作，积极融入全球创新网络，把技术研发平台做大做强，实现国内外企业的深入协作发展。政府部门应加大对技术创新活动的支持力度，通过积极的政策引导制造业成为技术创新的主体。再次，以自由贸易试验区为平台，加快推动数字产业和数字贸易配套的体制机制建设，如在

自由贸易试验区内放宽市场准入规则，逐步加强数字贸易的适用范围。充分利用完善的基础设施平台，发挥自由贸易区的政策集聚效应，提高自由贸易区内企业的合作效率。最后，推进跨境基础设施的互联互通，推动运输服务的便利化和协作化。加快发展智能化多式联运和智慧港口建设，鼓励电商企业、快递公司和物流龙头企业建设境内外仓储物流配送中心，节省制造业跨境物流和存储成本，逐步打造智能化的一体化物流体系。

2. 抢抓数字机遇，加快推动产业和贸易数字化

随着第四次工业革命的到来，人类进入了万物互联的"数字化时代"，利用数字化和信息技术发展起来的远程技术、操控机器人、人工智能、物联网等发展势头迅猛。服务贸易（特别是数字贸易）加快扩张，数字经济成为大国竞争的关键。《指导意见》明确指出，要推动互联网、物联网、大数据、人工智能、区块链与贸易有机融合，加快培育新动能。基于中国的比较优势仍来源于依靠互联网进行货物贸易，《指导意见》特别强调要促进贸易新业态发展，提升贸易数字化水平，积极参与全球数字贸易规则制定，推动建立各方普遍接受的国际贸易准则。只有抢抓"数字化时代"的关键机遇，才能为外贸高质量发展带来新的驱动力。

首先，要加快建设5G、云计算、物联网等新一代信息基础设施，尽早建立以支柱产业和数字经济为主体的现代产业体系，推动产业数字化和数字产业化，促进实体经济和数字经济深度融合、互促发展，夯实对外贸易高质量发展的产业基础。其次，培育市场主体，统筹数字产业与数字贸易协调发展。数字贸易概念的优势企业是国家和地区塑造全球竞争力的微观基础，顺势扶持和发展优势企业，形成气候壮大数字产业，争取在全球价值链中向"微笑曲线"两端的高附加值环节延伸。再次，在对外经济合作方式上，鼓励开展"数字贸易＋产业"的深度合作模式，不断拓宽数字贸易合作的广度和深度，积极探索新业态、新模式和新方法。最后，运用物联网、区块链技术等新一轮科技创新的技术成果，不断拓展制度创新的边界。比如，在自贸试验区引入区块链监管模式，在

有限的时间和限定的领域内落实改革创新的容错机制，大胆试验数字贸易新的发展思路及监管实践。推动科技创新和制度创新同频共振、融合发展，并将实践总结提炼成规则性的制度成果。

8.3 研究不足与展望

本书在企业异质性理论框架下，将理论分析和实证分析相结合，论证了制造业投入服务化对于出口贸易的影响和作用机制，对于中国发展经验进行了验证，不仅丰富了异质性企业理论的内涵，也为贸易高质量发展思路提供了一个有效的参考依据。但是，由于数据的限制和研究能力的不足，本书的研究还存在一些不足之处有待进一步改进，主要包括以下几个方面。

1. 获取数据的精确度有待进一步提高

在进行微观企业和产品层面的实证分析时，理论上需要企业层面的服务化水平作为解释变量，但由于在中国工业企业数据库中只有 2004 ~ 2007 年的企业数据，其他年份测算企业服务化的指标并未统计。因此，本书对于制造业投入服务化水平的测算主要基于世界投入产出数据库（WIOD）所计算的行业服务化水平，存在数据维度不同的状况，这可能在一定程度上降低了回归结果的准确度。除此之外，由于需要与中国海关数据库进行数据匹配，而海关数据库和工企数据库的最新数据版本只更新到 2013 年，可能无法反映 2013 年之后的现实经验。要解决这一问题，可能需要在统计层面进行总体的安排，有关机构和企业需要在指标选取和报送方面更加关注服务化现象，有助于后续对于这一问题进行更加深入和准确的研究。

2. 实证分析的方法有待于进一步完善

本书主要采用了 Logit 模型、Heckman 两阶段模型和面板固定效应模型进行了基础的回归分析，虽然采用两阶段最小二乘估计法（2SLS）进行了内生性处理，但仍存在样本选择偏差或者内生性问题，未来可以继续探索更优的计量方法和工具变量来解决这些问题。

3. 理论分析有待于进一步深化

本书对于服务化与出口贸易之间关系的理论分析是在 Metliz 异质性企业模型的框架之下进行的，以企业生产率作为中介变量来分析两者之间的作用机制。囿于研究能力，对于投入服务化与三个指标（出口二元边际、出口产品质量和出口贸易利益）的关系只进行了平行的研究和理论上的阐述，无法将其统一在一个理论框架下进行严谨的数理模型推导，缺乏对于出口数量、质量和效益递进逻辑的考察，这是未来理论分析方面有待于完善和加强的重要方向。

附录1 《国民经济行业分类》与《国际标准行业分类（ISIC Rev. 4)》的对照匹配

我国最新执行的《国民经济行业分类》（GB/T 4754 – 2017）在归类原则和方法等方面，继续保持与国际标准接轨，即与联合国《国际标准行业分类（ISIC Rev. 4)》包含的内容基本一致，并且可以相互转换。因为本书的数据搜集、统计和描述都是以 ISIC Rev. 4 商品编码作为依据，故将最新国民经济行业分类与国际标准行业分类进行对应转换，以实现与国际标准行业分类对照可比。

附表 1 – 1 　　　　　　　《国民经济行业分类》与
《国际标准行业分类（ISIC Rev. 4)》的对照匹配

《国民经济行业分类》（GB/T 4754 – 2017）	国际标准行业分类（ISIC Rev. 4）
13　农副食品加工业	10　食品的制造
14　食品制造业	
15　酒、饮料和精制茶制造业	11　饮料的制造
16　烟草制品业	12　烟草制品的制造
17　纺织业	13　纺织品的制造
18　纺织服装、服饰业	14　服装的制造
19　皮革、毛皮、羽毛及其制品和制鞋业	15　皮革和相关产品的制造
20　木材加工和木、竹、藤、棕、草制品业	16　木材、木材制品和软木制品的制造（家具除外）、草编制品及编织材料物品的制造
21　家具制造业	31　家具的制造
22　造纸和纸制品业	17　纸和纸制品的制造
23　印刷和记录媒介复制业	18　记录媒介物的印制及复制
24　文教、工美、体育和娱乐用品制造业	32　其他制造业
25　石油、煤炭及其他燃料加工业	19　焦炭和精炼石油产品的制造

《国民经济行业分类》（GB/T 4754 – 2017）	国际标准行业分类（ISIC Rev. 4）
26 化学原料和化学制品制造业	20 化学品及化学制品的制造
27 医药制造业	21 药品、药用化学品及植物药材的制造
28 化学纤维制造业	20 化学品及化学制品的制造
29 橡胶和塑料制品业	22 橡胶和塑料制品的制造
30 非金属矿物制品业	23 其他非金属矿物制品的制造
31 黑色金属冶炼和压延加工业	24 基本金属的制造
32 有色金属冶炼和压延加工业	
33 金属制品业	25 金属制品的制造（机械和设备除外）
34 通用设备制造业	28 未另分类的机械和设备的制造
35 专用设备制造业	
36 汽车制造业	29 汽车、挂车和半挂车的制造
37 铁路、船舶、航空航天和其他运输设备制造业	30 其他运输设备的制造
38 电气机械和器材制造业	27 电力设备的制造
39 计算机、通信和其他电子设备制造业	26 计算机、电子和光学产品的制造
40 仪器仪表制造业	
41 其他制造业	32 其他制造业
42 废弃资源综合利用业	38 废物的收集、处理和处置活动；材料回收
43 金属制品、机械和设备修理业	33 机械和设备的修理和安装

附录 1 《国民经济行业分类》与《国际标准行业分类（ISIC Rev. 4）》的对照匹配

附录 2　海关商品贸易编码与《国际标准行业分类 (ISIC Rev. 4)》的对照匹配

本书对于制造业出口增长的三元边际分解和实证分析部分分别需要用到 CEPII – BACI 数据库以及中国海关数据库，CEPII – BACI 数据库中产品出口数据以 HS – 1992 的 6 位编码进行划分，而中国海关出口数据是以 HS – 1992 为基础的 8 位商品编码进行划分。通过比对发现，不管 6 位编码还是 8 位编码，前两位数编码对应的产品类目是一致的。而制造业投入服务化的测算需要用到 WIOD 数据库，其中的制造业行业代码是以 ISIC Rev. 4 编码作为划分依据。结合实际，将 HS1992 年 6 位商品编码和海关出口商品 8 位编码的前 2 位编码与 WIOD 中 ISIC Rev. 4 编码进行匹配，对应如附表 2 – 1 所示。

附表 2 – 1　　　海关商品贸易编码与 ISIC Rev. 4 代码的匹配

HS 产品编码前两位数字	ISIC Rev. 4 行业代码
22 ~ 24	C10 ~ C12 食品饮料和烟草制品
41 ~ 43、50 ~ 67	C13 ~ C15 纺织、服装和皮革制品
44 ~ 46	C16 木材及木制品或软木制品（家具除外）；编制材料
47 ~ 48	C17 造纸及纸制品
49	C18 印刷及刻录
27	C19 焦炭、精炼石油制品
28、29、31 ~ 38	C20 化工和化学制品
30	C21 基础医药制品
39 ~ 40	C22 橡胶和塑料制品
68 ~ 71	C23 其他非金属矿物制品
72 ~ 83	C24 基本金属制造
93	C25 金属制品制造（机械设备除外）

HS 产品编码前两位数字	ISIC Rev. 4 行业代码
90~92	C26 计算机、电子和光学设备
85	C27 电力设备制造
84	C28 机械设备制造
87	C29 汽车、挂车及半挂车
86、88、89	C30 其他运输设备制造
94~97	C31~C32 家具制品，其他制造

附录3 制造业服务化水平对出口目的国数目、产品出口总额和产品出口数量的影响

附表3-1 服务化对出口目的国数量（*des*）的分组回归结果

指标	技术密集度			贸易方式		所属区域		
	低技术	中技术	高技术	一般贸易	加工贸易	东部	中部	西部
	(1)	(2)	(3)	(4)	(5)	(6)	(7)	(8)
ser	-1.558	36.13***	41.50***	6.502***	14.12***	12.31***	16.44***	11.77***
	(-1.37)	(22.27)	(34.31)	(8.55)	(9.14)	(21.12)	(7.98)	(3.65)
lnage	-3.99***	4.215***	2.547***	-0.89**	-0.977	1.168***	0.0311	-1.970
	(-7.34)	(5.69)	(5.40)	(-2.06)	(-1.05)	(3.52)	(0.03)	(-1.54)
scale	-0.169	25.61***	5.078	15.34***	10.86	0.539	24.44***	-0.325
	(-0.03)	(3.49)	(1.57)	(4.65)	(1.57)	(0.20)	(2.79)	(-0.04)
lncaptl	1.268***	-0.260	0.157	0.0845	0.483**	0.383***	0.552**	0.888***
	(10.02)	(-1.51)	(1.41)	(0.81)	(2.25)	(4.94)	(2.52)	(2.85)
fincost	-3.18***	-1.049	-0.001	-0.223	-1.934	0.00471**	-1.556	-0.496
	(-3.77)	(-0.90)	(-0.40)	(-1.58)	(-0.94)	(2.17)	(-1.06)	(-0.58)
lnliqud	0.0541	-0.135**	-0.0017	-0.058*	0.0508	-0.0127	0.0882	0.143
	(1.48)	(-2.51)	(-0.04)	(-1.88)	(0.94)	(-0.50)	(1.21)	(1.22)
contr	12.03***	-10.01***	-2.025*	1.332	4.699**	0.681	-0.871	-0.359
	(9.16)	(-5.17)	(-1.68)	(1.26)	(2.09)	(0.83)	(-0.37)	(-0.11)
vertcl	0.460**	-1.336***	-0.84***	0.876***	0.0336	-1.175***	-0.77**	-0.737*
	(2.46)	(-5.45)	(-5.09)	(6.11)	(0.11)	(-10.69)	(-2.44)	(-1.67)
IMR	-43.53***	15.06**	1.119	-2.608	-19.1**	-9.980***	-13.01*	-25.6**
	(-9.91)	(2.55)	(0.29)	(-0.74)	(-2.53)	(-3.72)	(-1.78)	(-2.39)
cons	29.01***	-15.39***	-11.95***	8.887***	11.80***	5.314***	4.301	12.70**
	(12.84)	(-4.99)	(-5.98)	(4.79)	(3.00)	(3.81)	(1.12)	(2.24)
N	145700	82402	147488	213600	87183	339318	26754	9518
R^2	0.005	0.037	0.049	0.002	0.008	0.020	0.026	0.027

注：***、**、*分别表示在1%、5%、10%的水平上显著。

附表3-2　　　　服务化对出口总额（lntv）的分组回归结果

指标	技术密集度			贸易方式		所属区域		
	低技术	中技术	高技术	一般贸易	加工贸易	东部	中部	西部
	(1)	(2)	(3)	(4)	(5)	(6)	(7)	(8)
ser	3.622*** (20.78)	0.600** (2.14)	3.641*** (16.36)	-0.49*** (-3.44)	1.426*** (6.57)	2.032*** (20.24)	2.996*** (6.55)	2.223*** (2.66)
$lnage$	0.0622 (0.74)	0.357*** (2.79)	-0.180** (-2.07)	-0.25*** (-3.12)	0.260** (1.99)	0.141** (2.46)	-0.324 (-1.62)	-0.88*** (-2.64)
$scale$	5.747*** (6.09)	6.029*** (4.76)	0.401 (0.67)	3.394*** (5.52)	4.620*** (4.76)	2.816*** (6.01)	4.039** (2.07)	-4.919** (-2.12)
$lncaptl$	0.0254 (1.30)	0.0192 (0.65)	0.154*** (7.51)	0.0172 (0.89)	-0.076** (-2.50)	0.0476*** (3.56)	0.195*** (4.00)	0.345*** (4.27)
$fincost$	-1.054*** (-8.14)	-0.708*** (-3.53)	0.00283*** (6.12)	-0.0413 (-1.57)	-2.167*** (-7.49)	0.0015*** (3.87)	-1.27*** (-3.90)	-0.346 (-1.56)
$lnliqud$	-0.00374 (-0.67)	0.00632 (0.68)	0.00870 (1.16)	0.00009 (0.02)	-0.0145* (-1.92)	-0.0000 (-0.01)	0.0327** (2.01)	-0.0201 (-0.66)
$contr$	0.520** (2.57)	-0.322 (-0.96)	0.435* (1.96)	-0.166 (-0.84)	-0.416 (-1.32)	0.230 (1.62)	0.872* (1.68)	1.317 (1.58)
$vertcl$	-0.409*** (-14.20)	-0.750*** (-17.70)	-0.675*** (-22.23)	-0.37*** (-13.75)	-0.356*** (-8.30)	-0.673*** (-35.52)	-0.54*** (-7.72)	-0.4*** (-3.49)
IMR	-2.490*** (-3.69)	-0.790 (-0.78)	-5.633*** (-8.02)	-0.823 (-1.25)	0.245 (0.23)	-2.786*** (-6.03)	-5.75*** (-3.55)	-10.8*** (-3.90)
$cons$	13.86*** (39.87)	13.22*** (24.82)	14.58*** (39.64)	14.70*** (42.54)	13.80*** (25.00)	14.06*** (58.47)	14.65*** (17.12)	17.17*** (11.68)
N	145700	82402	147488	213600	87183	339318	26754	9518
R^2	0.050	0.049	0.085	0.031	0.022	0.060	0.052	0.049

注：***、**、*分别表示在1%、5%、10%的水平上显著。

附表3-3　　服务化对出口产品数量（lntq）的分组回归结果

指标	技术密集度			贸易方式		所属区域		
	低技术	中技术	高技术	一般贸易	加工贸易	东部	中部	西部
	(1)	(2)	(3)	(4)	(5)	(6)	(7)	(8)
ser	-0.839*** (-4.46)	0.489 (1.62)	1.819*** (6.33)	0.357*** (2.93)	7.457*** (25.15)	8.883*** (68.40)	8.133*** (15.67)	9.183*** (9.86)
lnage	-0.784*** (-8.70)	-0.710*** (-5.14)	-0.879*** (-7.85)	0.0321 (0.46)	3.607*** (20.21)	3.683*** (49.85)	0.754*** (3.32)	-0.0626 (-0.17)
scale	2.670*** (2.62)	1.224 (0.90)	-2.701*** (-3.51)	-0.369 (-0.70)	13.31*** (10.04)	12.80*** (21.15)	-1.804 (-0.82)	-7.14*** (-2.77)
lncaptl	0.143*** (6.80)	0.207*** (6.46)	0.274*** (10.37)	0.0190 (1.14)	-0.560*** (-13.59)	-0.554*** (-32.01)	0.0358 (0.65)	0.252*** (2.80)
fincost	-1.086*** (-7.77)	-0.870*** (-4.02)	0.00497*** (8.33)	0.152*** (6.72)	0.489 (1.24)	-0.01*** (-19.77)	-0.405 (-1.09)	-0.107 (-0.44)
lnliqud	-0.00131 (-0.22)	0.0118 (1.18)	-0.000407 (-0.04)	0.00930* (1.89)	-0.004 (-0.40)	-0.00395 (-0.70)	0.0482*** (2.62)	0.0491 (1.45)
contr	2.113*** (9.69)	2.275*** (6.30)	1.915*** (6.68)	-0.280* (-1.65)	-5.89*** (-13.68)	-5.756*** (-31.37)	-0.111 (-0.19)	0.189 (0.20)
vertcl	0.305*** (9.81)	-0.0176 (-0.39)	-0.0856** (-2.18)	-0.297*** (-12.94)	-1.96*** (-33.38)	-2.202*** (-89.90)	-1.002*** (-12.57)	-0.62*** (-4.91)
IMR	-7.195*** (-9.87)	-7.418*** (-6.75)	-9.744*** (-10.75)	0.126 (0.22)	19.20*** (13.27)	18.96*** (31.73)	0.650 (0.35)	-4.762 (-1.54)
cons	16.64*** (44.34)	15.90*** (27.67)	15.13*** (31.88)	2.05*** (6.90)	-11.88*** (-15.76)	-12.34*** (-39.70)	-1.63* (-1.67)	1.17 (0.71)
N	145695	82398	147470	213581	87181	339303	26749	9517
R^2	0.006	0.008	0.016	0.016	0.140	0.183	0.098	0.087

注：***、**、*分别表示在1%、5%、10%的水平上显著。

参 考 文 献

［1］白清. 生产性服务业促进制造业升级的机制分析——基于全球价值链视角［J］. 财经问题研究，2015（4）：17 – 23.

［2］蔡琨. 中国制造业服务化对行业出口竞争力的影响研究［D］. 华东政法大学，2018.

［3］陈洁雄. 制造业服务化与经营绩效的实证检验——基于中美上市公司的比较［J］. 商业经济与管理，2010（4）：33 – 41.

［4］陈丽丽. 国际贸易理论研究的新动向——基于异质企业的研究［J］. 国际贸易问题，2008（3）：119 – 123.

［5］陈丽娴，沈鸿. 制造业服务化如何影响企业绩效和要素结构——基于上市公司数据的 PSM – DID 实证分析［J］. 经济学动态，2017（5）：64 – 77.

［6］陈丽娴. 生产性服务业对制造业出口竞争力的促动效应研究——基于中间投入视角的分析［J］. 上海经济研究，2016（2）：3 – 11.

［7］陈雪菲. 中间投入对中国制造业出口国内增加值影响的研究［D］. 武汉理工大学，2018.

［8］戴觅，余淼杰. 企业出口前研发投入、出口及生产率进步——来自中国制造业企业的证据［J］. 经济学（季刊），2012（1）：211 – 230.

［9］戴翔，李洲，张雨. 服务投入来源差异、制造业服务化与价值链攀升［J］. 财经研究，2019，45（5）：30 – 43.

［10］戴翔. 中国制造业出口内涵服务价值演进及因素决定［J］. 经济研究，2016，51（9）：44 – 57，174.

［11］樊海潮，李瑶，郭光远. 信贷约束对生产率与出口价格关系的影响［J］. 世界经济，2015，38（12）：79 – 107.

[12] 樊瑛. 国际贸易中的异质企业: 一个文献综述 [J]. 财贸经济, 2008 (2): 120 - 126, 128.

[13] 樊瑛. 新新贸易理论及其进展 [J]. 国际经贸探索, 2007 (12): 4 - 8.

[14] 樊瑛. 异质企业贸易模型的理论进展 [J]. 国际贸易问题, 2008 (3): 124 - 128.

[15] 范剑勇, 冯猛. 中国制造业出口企业生产率悖论之谜: 基于出口密度差别上的检验 [J]. 管理世界, 2013 (8): 16 - 29.

[16] 冯泰文. 生产性服务业的发展对制造业效率的影响——以交易成本和制造成本为中介变量 [J]. 数量经济技术经济研究, 2009, 26 (3): 56 - 65.

[17] 格鲍尔, 王春芝. 制造企业服务业务开发中认知及行为因素研究 [J]. 工业技术经济, 2007 (27): 59 - 63.

[18] 耿伟, 王亥园. 制造业投入服务化与中国出口企业加成率 [J]. 国际贸易问题, 2019 (4): 92 - 108.

[19] 龚静, 盛毅, 袁鹏. 制造业服务化与企业出口国内附加值率——基于制造企业微观数据的实证分析 [J]. 山西财经大学学报, 2019, 41 (8): 57 - 70.

[20] 顾乃华, 夏杰长. 对外贸易与制造业投入服务化的经济效应——基于 2007 年投入产出表的实证研究 [J]. 社会科学研究, 2010 (5): 17 - 21.

[21] 胡汉辉, 邢华. 产业融合理论以及对我国发展信息产业的启示 [J]. 中国工业经济, 2003 (2): 23 - 29.

[22] 胡昭玲, 夏秋, 孙广宇. 制造业服务化、技术创新与产业结构转型升级——基于 WIOD 跨国面板数据的实证研究 [J]. 国际经贸探索, 2017, 33 (12): 4 - 21.

[23] 黄群慧, 霍景东. 产业融合与制造业服务化: 基于一体化解决方案的多案例研究 [J]. 财贸经济, 2015 (2): 136 - 147.

[24] 黄群慧. 中国制造如何向服务化转型 [N]. 经济日报, 2017 - 06 - 16 (14).

[25] 贾俊雪. 公共基础设施投资与全要素生产率：基于异质企业家模型的理论分析 [J]. 经济研究, 2017 (2)：4-19.

[26] 简兆权, 伍卓深. 制造业服务化的路径选择研究——基于微笑曲线理论的观点 [J]. 科学学与科学技术管理, 2011, 32 (12)：137-143.

[27] 姜铸, 李宁. 服务创新、制造业服务化对企业绩效的影响 [J]. 科研管理, 2015, 36 (5)：29-37.

[28] 金晟. 生产性服务业与制造业共生演化动力机理探讨 [J]. 统计与决策, 2018, 34 (9)：59-61.

[29] 李春顶. 中国出口企业是否存在"生产率悖论"：基于中国制造业企业数据的检验 [J]. 世界经济, 2010, 33 (7)：64-81.

[30] 李春顶. 中国企业"出口—生产率悖论"研究综述 [J]. 世界经济, 2015, 38 (5)：148-175.

[31] 李东红, 李蕾. 服务创新与制造业厂商可塑的核心能力 [J]. 首都经济贸易大学学报, 2003 (3)：30-35.

[32] 李涵, 黎志刚. 交通基础设施投资对企业库存的影响——基于我国制造业企业面板数据的实证研究 [J]. 管理世界, 2009 (8)：73-80.

[33] 李宏, 刘玲琦. 制造业服务化促进出口产品质量升级机制研究 [J]. 山西大学学报 (哲学社会科学版), 2019, 42 (6)：103-114.

[34] 李江帆. 第三产业经济学 [M]. 广州：广东人民出版社, 1990.

[35] 李靖华, 马丽亚, 黄秋波. 我国制造企业"服务化困境"的实证分析 [J]. 科学学与科学技术管理, 2015, 36 (6)：36-45.

[36] 李美云. 基于价值链重构的制造业和服务业间产业融合研究 [J]. 广东工业大学学报 (社会科学版), 2011, 11 (5)：34-40.

[37] 李强, 薛天栋. 中国经济发展部门分析兼新编可比价投入产出序列表 [M]. 北京：中国统计出版社, 1998.

[38] 李小帆, 马弘. 服务业 FDI 管制与出口国内增加值：来自跨国面板的证据 [J]. 世界经济, 2019, 42 (5)：123-144.

[39] 林正静. 中间品贸易自由化与中国制造业企业出口产品质量升级 [J]. 国际经贸探索, 2019 (2): 32-53.

[40] 蔺雷, 吴贵生. 制造企业服务增强的质量弥补: 基于资源配置视角的实证研究 [J]. 管理科学学报, 2009, 12 (3): 142-154.

[41] 蔺雷, 吴贵生. 制造业发展与服务创新——机理、模式与战略 [M]. 北京: 科学出版社, 2008.

[42] 刘斌, 王乃嘉. 制造业投入服务化与企业出口的二元边际——基于中国微观企业数据的经验研究 [J]. 中国工业经济, 2016 (9): 59-74.

[43] 刘斌, 魏倩, 吕越, 祝坤福. 制造业服务化与价值链升级 [J]. 经济研究, 2016, 51 (3): 151-162.

[44] 刘秉镰, 刘玉海. 交通基础设施建设与中国制造业企业库存成本降低 [J]. 中国工业经济, 2011 (5): 69-79.

[45] 刘继国, 赵一婷. 制造业中间投入服务化趋势分析——基于 OECD 中 9 个国家的宏观实证 [J]. 经济与管理, 2006 (9): 9-12.

[46] 刘继国. 制造业企业投入服务化战略的影响因素及其绩效: 理论框架与实证研究 [J]. 管理学报, 2008 (2): 237-242.

[47] 刘明宇, 芮明杰, 姚凯. 生产性服务价值链嵌入与制造业升级的协同演进关系研究 [J]. 中国工业经济, 2010 (8): 66-75.

[48] 刘维刚, 倪红福. 制造业投入服务化与企业技术进步: 效应及作用机制 [J]. 财贸经济, 2018, 39 (8): 126-140.

[49] 刘志彪, 吴福象. "一带一路" 倡议下全球价值链的双重嵌入 [J]. 中国社会科学, 2018 (8): 17-32.

[50] 龙飞扬, 殷凤. 制造业投入服务化与出口产品质量升级——来自中国制造企业的微观证据 [J]. 国际经贸探索, 2019, 35 (11): 19-35.

[51] 鲁琨, 高强. 创新、服务质量与绩效: B2C 电子商务业实证研究 [J]. 科学学研究, 2009, 27 (7): 1110-1120.

[52] 吕越, 陈帅, 盛斌. 嵌入全球价值链会导致中国制造的 "低端

锁定"吗?[J]. 管理世界, 2018, 34 (8): 11 - 29.

[53] 吕云龙, 吕越. 制造业出口服务化与国际竞争力——基于增加值贸易的视角 [J]. 国际贸易问题, 2017 (5): 25 - 34.

[54] 吕政, 刘勇, 王钦. 中国生产性服务业发展的战略选择——基于产业互动的研究视角 [J]. 中国工业经济, 2006 (8): 5 - 12.

[55] 马健. 产业融合理论研究评述 [J]. 经济学动态, 2002 (5): 78 - 81.

[56] 迈克尔·波特 (Michael E. Porter). 国家竞争优势 [M]. 北京: 华夏出版社, 2002.

[57] 彭水军, 袁凯华, 韦韬. 贸易增加值视角下中国制造业服务化转型的事实与解释 [J]. 数量经济技术经济研究, 2017, 34 (9): 3 - 20.

[58] 钱学峰, 梁琦. 测度中国与 G7 的双边贸易成本——一个改进引力模型方法的应用 [J]. 数量经济技术经济研究, 2008 (2): 53 - 61.

[59] 秦夏. 加快贸易强国建设的路线图 [N]. 中国贸易报, 2019 - 12 - 03 (1).

[60] 秦夏. 让外贸高质量发展成为"定海神针" [N]. 中国贸易报, 2019 - 12 - 26 (1).

[61] 施炳展, 邵文波. 中国企业出口产品质量测算及其决定因素——培育出口竞争新优势的微观视角 [J]. 管理世界, 2014 (9): 90 - 106.

[62] 施炳展. 贸易如何增长? ——基于广度、数量与价格的三元分解 [J]. 南方经济, 2010 (7): 50 - 60.

[63] 宋华. 中国供应链金融的发展趋势 [J]. 中国流通经济, 2019 (3): 3 - 9.

[64] 汤二子, 李影, 张海英. 异质性企业、出口与"生产率悖论"——基于 2007 年中国制造业企业层面的证据 [J]. 南开经济研究, 2011 (3): 79 - 96.

[65] 汤二子, 刘海洋. 中国出口企业的"生产率悖论"与"生产率陷阱"——基于 2008 年中国制造业企业数据实证分析 [J]. 国际贸易问题, 2011 (9): 34 - 47.

[66] 唐宜红, 林发勤. 异质性企业贸易模型对中国企业出口的适用性检验 [J]. 南开经济研究, 2009 (6): 88 - 99.

[67] 唐宜红, 俞峰, 林发勤, 张梦婷. 中国高铁、贸易成本与企业出口研究 [J]. 经济研究, 2019, 54 (7): 158 - 173.

[68] 田治江. 打造"中国服务"国家品牌是贸易高质量发展的前提 [N]. 现代物流报, 2019 - 12 - 18.

[69] 童有好. "互联网 + 制造业服务化"融合发展研究 [J]. 经济纵横, 2015 (10): 62 - 67.

[70] 王厚双, 盛新宇. 服务化对制造业产品出口价格的影响分析 [J]. 当代财经, 2019 (9): 95 - 108.

[71] 王思语, 郑乐凯. 制造业服务化是否促进了出口产品升级——基于出口产品质量和出口技术复杂度双重视角 [J]. 国际贸易问题, 2019 (11): 45 - 60.

[72] 王向进, 杨来科, 钱志权. 制造业服务化、高端化升级与碳减排 [J]. 国际经贸探索, 2018, 34 (7): 35 - 48.

[73] 王永进, 盛丹, 施炳展, 李坤望. 基础设施如何提升了出口技术复杂度?[J]. 经济研究, 2010, 45 (7): 103 - 115.

[74] 王直, 魏尚进, 祝坤福. 总贸易核算法: 官方贸易统计与全球价值链的度量 [J]. 中国社会科学, 2015 (9): 108 - 127, 205 - 206.

[75] 温忠麟, 叶宝娟. 中介效应分析: 方法和模型发展 [J]. 心理科学进展, 2014 (5): 731 - 745.

[76] 吴永亮, 王恕立. 增加值视角下的中国制造业服务化再测算: 兼论参与 GVC 的影响 [J]. 世界经济研究, 2018 (11): 99 - 115, 134, 137.

[77] 夏杰长, 倪红福. 服务贸易作用的重新评估: 全球价值链视角 [J]. 财贸经济, 2017, 38 (11): 115 - 130.

[78] 肖挺. 全球制造业服务化对各国国际贸易的影响——基于贸易引力模型的经验研究 [J]. 中国流通经济, 2018a, 32 (9): 98 - 107.

[79] 肖挺. "服务化"能否为中国制造业带来绩效红利 [J]. 财贸

经济，2018b，39（3）：138－153.

［80］辛国斌，田世宏等. 智能制造标准案例集［M］. 北京：中国工信出版集团，2016.

［81］徐建华. 贸易高质量发展离不开高质量产品与品牌［N］. 中国质量报，2019－12－11（004）.

［82］徐美娜，铁瑛，匡增杰. 出口加工区与企业出口产品质量升级——兼论"飞地型"经济功能区转型路径［J］. 国际贸易问题，2019（2）：41－53.

［83］徐振鑫，莫长炜，陈其林. 制造业服务化：我国制造业升级的一个现实性选择［J］. 经济学家，2016（9）：59－67.

［84］许德友，梁琦，张文武. 中国对外贸易成本的测度方法与决定因素［J］. 世界经济，2010（6）：1－13.

［85］许和连，成丽红，孙天阳. 制造业投入服务化对企业出口国内增加值的提升效应——基于中国制造业微观企业的经验研究［J］. 中国工业经济，2017（10）：62－80.

［86］薛立敏等. 生产性服务业与制造业互动关系之研究［M］. 台湾：台湾中华经济研究院，1993.

［87］亚当·斯密. 国民财富的性质与原因研究［M］. 郭大力，王亚南译. 北京：商务印书馆，1981.

［88］闫志俊，于津平. 出口企业的空间集聚如何影响出口国内附加值［J］. 世界经济，2019，42（5）：74－98.

［89］杨仁发，汪青青. 生产性服务投入、技术创新与制造业国际竞争力［J］. 山西财经大学学报，2018，40（9）：62－75.

［90］姚战琪. 生产性服务中间投入、制造业服务化对中国制造业出口的影响——基于全球价值链视角的研究［J］. 北京工商大学学报（社会科学版），2019，34（4）：1－10.

［91］易靖韬，傅佳莎. 企业生产率与出口：浙江省企业层面的证据［J］. 世界经济，2011，34（5）：74－92.

［92］袁志刚，饶璨. 全球化与中国生产服务业发展——基于全球投

入产出模型的研究 [J]. 管理世界, 2014 (3): 10 - 30.

[93] 张宏, 刘文悦, 刘震. 中国装备制造业服务化对其出口边际的影响分析 [J]. 财经论丛, 2018 (3): 3 - 10.

[94] 张杰, 陈志远, 刘元春. 中国出口国内附加值的测算与变化机制 [J]. 经济研究, 2013, 48 (10): 124 - 137.

[95] 张杰, 李勇, 刘志彪. 出口促进中国企业生产率提高吗? ——来自中国本土制造业企业的经验证据: 1999 - 2003 [J]. 管理世界, 2009 (12): 11 - 26.

[96] 张杰, 李勇, 刘志彪. 出口与中国本土企业生产率——基于江苏制造业企业的实证分析 [J]. 管理世界, 2007 (11): 50 - 64.

[97] 植草益. 信息通讯业的产业融合 [J]. 中国工业经济, 2001 (2): 24 - 27.

[98] 周大鹏. 制造业服务化对产业转型升级的影响 [J]. 世界经济研究, 2013 (9): 17 - 22, 48, 87.

[99] 周茜. 中国主要贸易国贸易成本组成及优化策略 [J]. 河南社会科学, 2019, 27 (1): 38 - 44.

[100] 周小琳, 吴翔, 独孤昌慧. 异质性企业贸易理论关于国际贸易基本问题的回答——一个文献综述 [J]. 经济问题探索, 2015 (9): 156 - 163.

[101] 祝树金, 谢煜, 段凡. 制造业服务化、技术创新与企业出口产品质量 [J]. 经济评论, 2019 (6): 3 - 16.

[102] Abraham G, Taylor K. Firms Use of Outside Contructors, Theory and Evidence [R]. NBER Working Paper, 1993.

[103] Amiti M and Khandelwal K. Import Competition and Quality Upgrading [J]. Review of Economics and Statistics, 2012, 95 (2): 476 - 490.

[104] Andrea S. The Tertierization of Manufacturing Industry in the "New Economy" [R]. Tiger Working Paper Series, 2003.

[105] Ang B. A Survey of Recent Developments in the Literature of Finance and Growth [J]. Journal of Economic Surveys, 2008, 22 (3): 536 -

576.

[106] Antonelli G. Structural Change and Technological Externalities in the Service Sector: Some Evidence from Italy [J]. Innovation Systems in the Service Economy, 2000 (18): 187 –217.

[107] Antoniades A. Heterogeneous Firms, Quality, and Trade [J]. Journal of International Economics, 2015, 95 (2): 263 –273.

[108] Antràs P. Firms, Contracts, and Trade Structure [J]. Quarterly Journal of Economics, 2003, 118 (4): 1375 –1418.

[109] Arkolakis C, Costinot A, Rodríguez-Clare A. New Trade Models, Same Old Gains?[J]. American Economic Review, 2012, 102 (1): 94 –130.

[110] Arrow J, Kurz M. Public Investment, the Rate of Return, and Optima Fiscal Policy [M]. Baltimore: The John Hopkins Press, 1970.

[111] Baldwin E, Forslid R. Trade Liberalization with Heterogeneous Firms [J]. Review of Development Economics, 2010, 14 (2): 161 –176.

[112] Baldwin E, Frédéric N. Trade and Growth with Heterogeneous Firms [R]. NEBR Working Paper, 2006.

[113] Becker S, Murphy M. The Division of Labor, Coordination Costs, and Knowledge [J]. The Quarterly Journal of Economics, 1992, 107 (4): 1137 –1160.

[114] Bernard B, Jensen B. Exceptional Exporter Performance: Cause, Effect, or Both?[J]. Journal of International Economics, 1999, 47 (1): 1 –25.

[115] Bernard B, Wagner J. Export Entry and Exit by German Firms [R]. NBER Working Paper, 1998.

[116] Bernard B, Eaton J, Jensen B, Kortum S. Plants and Productivity in International Trade [J]. American Economic Review, 2003, 93 (4): 1269 –1290.

[117] Bernard B, Jensen B, Lawrence Z. Exporters, Jobs and Wages in U. S. Manufacturing, 1976 – 1987 [M]. Brookings Papers on Economic Activity, Microeconomics, 1995: 67 –119.

[118] Bernard B, Jensen B. Why some Firms Export [J]. Review of Economics and Statistics, 2004, 86 (2): 561 –569.

[119] Bernard B, Redding J, Schott K. Comparative Advantage and Heterogeneous Firms [J]. Review of Economic Studies, 2007, 74: 31 –64.

[120] Berry L, Shankar V, Parish T et al. Creating New Markets Through Service Innovation [J]. MIT Sloan Management Review, 2006, 47 (2): 56 –63.

[121] Clerides K, Lach S, Tybout R. Is Learning by Exporting Important? Micro-Dynamic Evidence from Colombia, Mexico, and Morocco [J]. The Quarterly Journal of Economics, 1998, 113 (3): 903 –947.

[122] Czarnitzki D, Spielkamp A. Business Services in Germany: Bridges for Innovation [J]. The Service Industries Journal, 2003, 23 (2): 1 –30.

[123] David L. Industry Evolution and Competence Development: The Imperatives of Technological Convergence [J]. International Journal of Technology Management, 2000, 19: 699 –738.

[124] Deardorff A. International Provision of Trade Services, Trade, and Fragmentation [J]. Review of International Economics. 2001, 9: 233 –248.

[125] Dixit K, Stiglitz E. Monopolistic Competition and Optimum Product Diversity [J]. The American Economic Review, 1977, 21 (2): 297 –308.

[126] Drejer I. Business Services as a Production Factor [J]. Economic Systems Research, 2002, 14 (4): 389 –405.

[127] Eaton J, Kortum S, Kramarz F. An Anatomy of International Trade: Evidence from French Firms [J]. Econometrica, 2011, 79 (5): 1453 –1498.

[128] Edmond C, Midrigan V, Xu D. Competition, Markups, and the Gains from International Trade [J]. NBER Working Paper, 2012.

[129] Ethier J. National and International Returns to Scale in the Modern Theory of International Trade [J]. The American Economic Review, 1982, 23 (2): 389 –405.

[130] Evenett S, Venables A. Export Growth in Developing Countries: Market Entry and Bilateral Trade Flows [R]. University of Bern Working Papers, 2002.

[131] Fan H, Lai C, Li A. Credit Constraints, Quality, and Export Prices: Theory and Evidence from China [J]. Journal of Comparative Economics, 2015, 43 (2): 390 – 416.

[132] Feenstra C. New Product Varieties and the Measurement of International Prices [J]. American Economic Review, 1994, 84: 157 – 164.

[133] Felbermayr J, Kohler W. Exploring the Intensive and Extensive Margins of World Trade [J]. Review of World Economics, 2006, 142 (4): 642 – 674.

[134] Francois J, Woerz J. Producer Services, Manufacturing Linkages, and Trade [J]. Journal of Industry, Competition and Trade, 2008, 8: 199 – 229.

[135] Francois F. Trade in Producer Services and Returns Due to Specialization under Monopolistic Competition [J]. Canadian Journal of Economics, 1990, 23 (1): 109 – 124.

[136] Gaines, Brian R. The Learning Curves Underlying Convergence [J]. Technological Forecasting and Social Change, 1998, 57: 7 – 34.

[137] Gann M, Salter J. Innovation in Project-Based, Service-Enhanced firms: The Construction of Complex Products and Systems [J]. Research Policy, 2000, 29 (7 – 8): 955 – 972.

[138] Gemmel P, Van P. Services Management: An Integrated Approach [M]. San Antonio: Pearson Education, 2003: 259 – 276.

[139] Gereffi G. International Trade and Industrial Upgrading in the Apparel Commodity Chain [J]. Journal of International Economics, 1999, 48 (1): 37 – 70.

[140] Ghani G. Goswami G, Kerr R. Highway to Success: The Impact of the Golden Quadrilateral Project for the Location and Performance of Indian

Manufacturing [J]. Economic Journal, 2016, 126 (591): 317 – 357.

[141] Glasmeier A, Howland M. Service-Led Rural Development: Definitions, Theories, and Empirical Evidence [J]. International Regional Science Review, 1993, 16 (1 – 2): 197 – 229.

[142] Greenfield I. Manpower and the Growth of Producer Services [M]. New York: Columbia University Press, 1966.

[143] Greenstein S. Lock-in and The Costs of Switching Mainframe Computer Vendors: What do Buyers See? [J]. Industrial and Corporate Change, 1997, 6 (2): 247 – 273.

[144] Hallak C, Schott K. Estimating Cross-Country Differences in Product Quality [J]. The Quarterly Journal of Economics, 2011, 126 (1): 417 – 474.

[145] Hallak C, Sivadasan J. Productivity, Quality and Exporting Behavior under Minimum Quality Requirements [R]. NBER Working Paper, 2008.

[146] Hallak C. Product Quality and the Direction of Trade [J]. Journal of International Economics, 2006, 68 (1): 238 – 265.

[147] Hansen M. Do Producer Services Induce Regional Economic Development [J]. Journal of Regional Science, 1990, 19 (4): 465 – 476.

[148] Hanson H, Mataloni J, Slaughter J. Vertical Production Networks in Multinational Firms [J]. Review of Economics and Statistics, 2005, 87 (4): 664 – 678.

[149] Helpman E, Melitz J, Rubinstein Y. Estimating Trading Flows: Trading Partners and Trading Volumes [J]. Quarterly Journal of Economics, 2008, 123 (2): 441 – 487.

[150] Helpman E, Melitz J, Yeaple R. Export Versus FDI with Heterogeneous Firms [J]. American Economic Review, 2004, 94, 300 – 316.

[151] Holmes J, Hsu T, Lee S. Allocative Efficiency, Mark-ups, and the Welfare Gains from Trade [J]. Journal of International Economics, 2014,

94 (2): 195 – 206.

[152] Hummels D, Ishii J, Yi M. The Nature and Growth of Vertical Specialization in World Trade [J]. Journal of International Economics, 2001, 54 (1): 75 – 96.

[153] Hummels D, Klenow J. The Variety and Quality of a Nation's Exports [J]. American Economic Review, 2005, 95 (3): 704 – 723.

[154] Humphrey J, Schmitz H. How Does Insertion in Global Value Chains Affect Upgrading in Industrial Clusters?[J]. Regional Studies, 2002, 36 (9): 1017 – 1027.

[155] Jacks S, Meissner M, Novy D. Trade Costs in the First Wave of Globalization [J]. Explorations in Economic History, 2010, 47 (2): 127 – 141.

[156] Johnson C, Noguera G. Accounting for Intermediates: Production Sharing and Trade in Value Added [J]. Journal of International Economics, 2012, 86 (2): 224 – 236.

[157] Jota I. Tarde Patterns and Gains from Trade with an Intermediate Produced Under Increasing Returns to Scale [J]. Journal of International Economics, 1992, 32: 57 – 81.

[158] Kakaomerlioglu C, Carlsson B. Manufacturing in Decline? A Matter of Definition [J]. Economics of Innovation and New Technology, 1999, 8 (3): 175 – 196.

[159] Karaomerlioglu D, Carlsson B. Manufacturing in Decline? A Matter of Definition [J]. Economics Innovation of New Technology, 1999 (8): 175 – 196.

[160] Kee L, Tang W. Domestic Value Added in Exports: Theory and Firm Evidence from China [J]. American Economic Review, 2016, 106 (6): 1402 – 1436.

[161] Kehoe J, Ruhl J. How Important is the New Goods Margin in International Trade?[R]. Federal Reserve Bank of Minneapolis Staff Report, 2003.

[162] Khandelwal K. The Long and Short of Quality Ladders [J]. Review of Economics Studies, 2010, 77 (4): 1450 – 1476.

[163] Koopman R, Wang Z, Wei J. Estimating Domestic Content in Exports When Processing Trade is Pervasive [J]. Journal of Development Economics, 2012, 99 (1): 178 – 189.

[164] Koopman R, Wang Z, Wei J. Tracing Value-Added and Double Counting in Gross Exports [J]. American Economic Review, 2014, 104 (2): 459 – 494.

[165] Krugman P. Vehicle Currencies and the Structure of International Exchange [R]. NBER Working Papers, 1979.

[166] Lei D. Industry Evolution and Competence Development: The Imperatives of Technological Convergence [J]. International Journal of Technology Management, 2000, 19 (7 – 8): 699 – 738.

[167] Levitt T. Marketing Success Through Differentiation of Anything [J]. Harvard Business Review, 1980, 58 (1): 83 – 91.

[168] Li B, Liu Y. Moving Up the Value Chain [R]. Mimeo Boston University, 2014.

[169] Lind J. Convergence: History of Term Usage and Lessons for Firm Strategists [C]. Germany: 15th Biennial ITS Conference, 2004.

[170] Ma H, Wang Z, Zhu F. Domestic Content in China's Exports and Its Distribution by Firm Ownership [J]. Journal of Comparative Economics, 2015, 43 (1): 3 – 18.

[171] MacKinnon P, Lockwood M, Hoffman M et al. A Comparison of Methods to Test Mediation and Other Intervening Variable Effects [J]. Psychological Methods, 2002, 7 (1): 83 – 104.

[172] Manova K, Yu H. Multi-product Firms and Product Quality [J]. Journal of International Economics, 2017, 109: 116 – 137.

[173] Marrewijk V, Stibora J, Vaal D, Viaene M. Producer Services, Comparative Advantage, and International Trade Patterns [J]. Journal of

International Economics, 1997, 42 (1 –2): 195 –220.

[174] Marshall A. Principles of Economics [M]. London: Macmillan, 2012.

[175] Mathieu V. Service Strategies Within the Manufacturing Sector: Benefits, Costs and Partnership [J]. International Journal of Service Industry Management, 2001, 12 (5): 451 –475.

[176] Melitz J, Polanec S. Dynamic Olley-Pakes Productivity Decomposition with Entry and Exit [J]. The RAND Journal of Economics, 2015, 46 (2): 362 –375.

[177] Melitz J, Redding J. New Trade Models, New Welfare Implications [J]. American Economic Review, 2015, 105 (3): 1 –39.

[178] Melitz J. The Impact of Trade on Intra-industry Reallocations and Aggregate Industry Productivity [J]. Econometrica, 2003, 71 (6): 1695 – 1725.

[179] Nordas H, Kim Y. The Role of Services for Competitiveness in Manufacturing [J]. OECD Trade Policy Papers, OECD Publishing, 2013, No. 148.

[180] Oliva R, Kallenberg R. Managing the Transition from Products to Services [J]. International Journal of Service Industry Management, 2003 (14): 160 –172.

[181] Park H. Linkages Between Industry and Services and Their Implications for Urban Employment Generation in Developing Countries [J]. Journal of Development Economics, 1989 (30): 359 –379.

[182] Pilat D, Wölfl A. Measuring the Interaction between Manufacturing and Services [R]. STI Working Paper Series, 2005, 5.

[183] Raa, Wolff. Outsourcing of Services and the Productivity Recovery in U. S. Manufacturing in the 1980s and 1990s [J]. Journal of Productivity Analysis, 2001, 16 (2): 149 –165.

[184] Rashmi B, Bishwanath G. Contribution of Services to Output

Growth and Productivity in Indian Manufacturing: Pre-and Post-Reforms [J]. Economic and Political Weekly, 2007, 42 (26): 2769 - 2777.

[185] Reiskin D, White L, Johnson K, Votta J. Servicizing the Chemical Supply Chain [J]. Journal of Industrial Ecology, 1999 (3): 19 - 31.

[186] Rentzhog M. At Your Service: The Importance of Services for Manufacturing Companies and Possible Trade Policy Implications [J]. Swedish Board of Trade, 2010, 5 (2): 53 - 67.

[187] Roberts J, Tybout R. The Decision to Export in Colombia: An Empirical Model of Entry with Sunk Costs [J]. American Economic Review, 1997, 87 (4): 545 - 564.

[188] Rosenberg N. Technological Change in the Machine Tool Industry, 1840 - 1910 [J]. Journal of Economic History, 1963, 23 (4): 414 - 443.

[189] Sharpe M. Outsourcing, Organizational Competitiveness and Work [J]. Journal of Labor Research, 1997 (4): 535 - 549.

[190] Sheehan P, Tegart G. Working for the Future: Technology and Employment in the Global Knowledge Economy [M]. Melbourne: Victoria University Press, 1998.

[191] Shirley C, Winston C. Firm Inventory Behavior and the Returns from Highway Infrastructure Investments [J]. Journal of Urban Economics, 2004, 55 (2): 398 - 415.

[192] Shy O. Industrial Organization: Theory and Application [M]. Cambridge: The MIT Press, 1995.

[193] Siege D, Griliches Z. Purchases Services, Outsourcing, Computers and Productivity in Manufacturing [M]. Output Measurement in the Service Sectors, University of Chicago Press, 1992: 429 - 460.

[194] Upward R, Wang Z, Zheng H. Weighing China's Export Basket: The Domestic Content and Technology Intensity of Chinese Exports [J]. Journal of Comparative Economics, 2013, 41 (2): 527 - 543.

[195] Vandermerwe S, Rada J. Servitization of business: Adding value by

Adding Services [J]. European Management Journal, 1988, 6 (4): 314 –324.

[196] Venables J. Equilibrium Locations of Vertically Linked Industries [J]. International Economic Review, 1996, 5 (2): 341 –359.

[197] White L, Stoughton M, Feng L. Servicizing: The Quiet Transition to Extended Product Responsibility [M]. Boston: Tellus Institute, 1999.

[198] Yeaple R. A Simple Model of Firm Heterogeneity, International Trade, and Wages [J]. Journal of International Economics, 2005, 65 (1): 1 – 20.

后　记

　　首先，本书是结合我的博士论文以及毕业后一年的研究成果，经过细致梳理和系统整合，最后出版成型。之所以要把这一阶段成果以学术专著的形式公开呈现，是因为本书内容在整体上存在一定的内部关联，专著比论文的形式更能体现这种系统性，也更能准确地表述前一阶段研究成果的血脉。写书的过程是一段漫长和磋磨的经历，即使只促成这一本书的出版，过程也是时常让人抓狂的。

　　科研工作真正需要的是耐得住性子、坐得了冷板凳的人，不具备这种品质可能要在从事这项工作前好好地做一下自我评估。然而，科研工作又是让人蠢蠢欲动、跃跃欲试的，它会激发你的好奇心、好胜心，越是有难度、有障碍，就越有冲劲去克服它、掌控它。当一天天积淀的成果最终能有一个合适的通道跟同行见面，就会加倍欣喜若狂，觉得一切付出都是值得的。感谢自己的努力、坚持和不断的学习，经过不断地自我调整、更新和沉淀，才实现了一个个小的目标。

　　其次，我要感谢我的导师殷凤教授，与导师的配对是深深的缘分使然，老师在我的学习、工作和生活中都给予了最温暖的指导和力量。老师对待学生亦师亦友，设身处地地为学生着想，每每与老师交流都感觉如沐春风。最重要的是，殷老师治学严谨，写作思路和逻辑严谨，这给了我莫大的启示，让我依着老师的标准去改善自己。老师也让我认识到基础理论研究的重要性，不要"舍本逐末"地去做研究，丢掉了研究最本核的东西。在此，向我的恩师表示深深的感谢和诚挚的敬意。

　　最后，感谢我的家人在读书和工作期间给予的莫大支持，感谢家人在能力范围内给予的所有爱。作为青年教师，正处于工作压力较大的时期，陪伴家人的时间很少，但他们都给予了充分的理解和宽慰，这让我十分惭愧。此外，还要感谢我的爱人，王先生的理解和支持给了我莫大的自由和空间，在工作上坚定地支持我，在生活中帮我疏解压力，感恩他的所有理解和包容。

龙飞扬

图书在版编目（CIP）数据

制造业投入服务化与贸易高质量发展/龙飞扬著.
—北京：经济科学出版社，2022.7
ISBN 978 - 7 - 5218 - 3722 - 3

Ⅰ.①制⋯　Ⅱ.①龙⋯　Ⅲ.①制造工业 - 服务经济 -
研究 - 中国②制造工业 - 国际贸易 - 经济发展 - 研究 -
中国　Ⅳ.①F426.4

中国版本图书馆 CIP 数据核字（2022）第 103090 号

责任编辑：初少磊　王珞琪
责任校对：蒋子明
责任印制：范　艳

制造业投入服务化与贸易高质量发展
龙飞扬　著

经济科学出版社出版、发行　新华书店经销
社址：北京市海淀区阜成路甲 28 号　邮编：100142
总编部电话：010 - 88191217　发行部电话：010 - 88191522
网址：www. esp. com. cn
电子邮箱：esp@ esp. com. cn
天猫网店：经济科学出版社旗舰店
网址：http：//jjkxcbs. tmall. com
北京季蜂印刷有限公司印装
710 × 1000　16 开　12.25 印张　180000 字
2022 年 7 月第 1 版　2022 年 7 月第 1 次印刷
ISBN 978 - 7 - 5218 - 3722 - 3　定价：56.00 元
（图书出现印装问题，本社负责调换。电话：010 - 88191510）
（版权所有　侵权必究　打击盗版　举报热线：010 - 88191661
QQ：2242791300　营销中心电话：010 - 88191537
电子邮箱：dbts@esp. com. cn）